진리 안에서 성결한 삶

2025

진리 안에서 성결한 삶

2024년 12월 09일 1쇄 인쇄
2024년 12월 13일 1쇄 발행

발 행 처 ｜ 예수교대한성결교회 총회(도서출판 예수교대한성결교회 출판부)
발 행 인 ｜ 김만수
편 집 인 ｜ 권순달
편　　집 ｜ 예수교대한성결교회 총회 교육국
등록번호 ｜ 1 9 7 4 . 2 . 1 . N o . 3 0 0 - 1 7 4 - 2
보 급 처 ｜ 예수교대한성결교회 총회 교육국
전　　화 ｜ 070) 7132-0020~1

ISBN 978-89-94625-78-2 (03230)
Copyright@2024, 도서출판 예수교대한성결교회 출판부

예수교대한성결교회 총회교육국

진리 안에서
성결한 삶

2025

도서출판

본 교재의 특징

(1) 구역원용과 강사용을 구별하지 않았습니다.

(2) 기본적으로 예배순서에 따라 구성하였습니다.

(3) '쉬운 책입니다.'
구역원이 한 번만 읽어도 함께 나눌 수 있는 본문 내용으로
구성했습니다.
또한 성경을 중심으로 쉬운 본문 해설로 이루어졌습니다.
(독자층의 고려, 짧은 분량, 쉬운 언어와 설명)

(4) '단순한 책입니다.'
매달 관련 주제를 가지고 1년 52주의 전 내용이 하나의 주제
(성결한 삶)로 흐릅니다. 더불어 편집이 단순하고 명쾌합니다.

(5) '부담 없는 책입니다.'
구역예배에 참여하는 성도들이 편하고 재미있게 접근할 수
있도록 구성을 알차게 하였습니다. 성경을 공부하는 것에서
끝나지 않고 실제적으로 적용할 수 있는 나눔을 통해 성도의
삶에 적용하는데 신감을 줍니다.

교육이란 필요한 지식과 기술을 가르치고, 잠재 능력을 일깨워 훌륭한 자질과 인격을 갖도록 이끌어 주는 일입니다. 교회는 신앙 공동체이자 교육 공동체입니다. 따라서 교회에서의 교육은 모든 것들을 기독교적 관점에서 바라보고 배우는 폭넓은 개념이라고 할 수 있습니다.

예수님은 강론, 질문, 토론, 삶을 통해 교육하셨습니다. 그것은 참된 인생을 위한 신앙교육이며, 창조주 하나님께서 인류와 직접 대면하여 가르치신 근본적인 교육입니다. 우리는 하나님의 형상으로 창조되었으나 타락한 존재로서 모두가 구원의 대상입니다. 그러므로 교회에서의 교육을 통해 하나님과의 바른 관계를 정립하는 일과 효과적으로 성장해 나가는 일은 매우 중요하다고 생각합니다.

유대인들은 오래 전부터 교육을 가장 큰 덕목으로 삼아왔습니다. 그들의 교육에 대한 지대한 관심은 지금의 이스라엘을 있게 만들었습니다. 그 결과로 이스라엘은 1인당 연구개발 분야에서 일하는 과학자와 엔지니어 수가 세계에서 가장 많다고 합니다. 사람이 무엇을 심든지 뿌린대로 거둬들이는 것은 추수의 법칙입니다. 우리들도 성경에 대하여 바르게 배우고 교육을 받은 만큼 하나님 께로 더 바른 모습으로 나아갈 수 있고 쓰임받게 될 것입니다.

이러한 성경적인 세계관에 기초하여 금번 우리 교단에서는 "진리 안에서 성결한 삶"이라는 주제로 장년들을 위한 공과를 출간하게 되었습니다. 본 공과를 통하여 여러분들은 매 월 교회의 절기에 맞춰 하나님에 대한 심도 깊은 신앙교육을 경험할 수 있을 것입니다. 그리고 성결한 삶은 분명히 온전한 하나님의 사람으로 이끌어 줄 것입니다.

이번 공과를 위해 헌신하신 집필진들과 공과를 사용하시는 모든 성결의 지체들에게 감사드립니다. 또한 본 공과와 함께 교회의 각 구역들이 활성화가 되고, 삶의 현장 속에서도 성결의 은혜가 넘치시길 기원하며 이 공과를 여러분들에게 추천합니다.

김 만 수 목사
예수교대한성결교회 총회장

이렇게 사용하세요

소그룹 활용 방법

문안 → 신앙고백 → 찬송 → 기도 → 말씀

→ 합심 기도하기 → 찬송(헌금) → 헌금기도

→ 주기도문 → 광고(다음모임) → 교제와 친교

Contents

Contents

PART/ 01

내가 세운 것인가?
하나님께 받은 것인가?

소그룹 인도

사도신경 : 다같이 ㅣ 찬송 : 516장(통 265) ㅣ 기도 : 회원 중 ㅣ 본문 말씀 : 창13:14-18
ㅣ 헌금 찬송 : 찬 150(통 135) ㅣ 헌금 기도 : 회원 중 ㅣ 주기도문 : 다같이

새해가 시작되었습니다. 우리는 모두 하나님께 한 묶음의 새로운 시
간을 선물 받았습니다. 모두가 1년이라는 같은 시간을 선물 받았더라
도 지나고 보면 각자 받은 시간의 무게와 내용이 다릅니다. 이 차이
를 만들어 내는 것이 '비전'의 있고 없음입니다. 비전이 있는 사람은 1
년을 꽉 채우며 살아가지만, 비전이 없는 사람보다 더 많은 가치와 의
미로 채워진 시간을 삽니다. 새해를 시작하는 지금, 우리가 물어야 할
것은 "내게 비전이 있는가?"입니다. 비전이 있는 한 해가 되기를 소망
하며 오늘의 말씀 나눔을 시작합니다.

1. 비전은 하나님이 주시는 것입니다.

아브람의 가축을 돌보는 목자와 조카 롯의 가축을 돌보는 목자들 사이에 다투는 일이 잦아지자 헤어지기로 합니다(창 13:8-9). 롯은 장막을 동쪽으로 옮겨 요단에 정착하였고, 아브람은 가나안 땅에 정착합니다. 이때 하나님이 아브람에게 나타나십니다. 그리고 그에게 비전을 주시며 "네게 보이는 땅을 너와 네 자손에게 영원히 주겠다!" 라고 말씀하셨습니다.

이 비전은 아브람이 계획하거나 설계한 것이 아니었습니다. 인류 구원을 위해 아브람을 선택하여 가나안으로 보내신 하나님이 계획이며, 하나님이 아브람에게 주신 것이었습니다.

야망과 비전은 다릅니다. 야망은 내 욕망에서 시작하지만, 비전은 하나님의 섭리와 사랑에서 시작합니다. 야망의 근원은 세상이지만, 비전의 근원은 하나님이십니다. 야망은 세상을 향한 나의 꿈이지만, 비전은 하나님이 인간에게 주시는 하나님의 꿈입니다. 비전은 역사의 처음과 끝을 모두 보고 계시는 하나님이 지금을 사는 우리에게 주시는 시간 계획입니다. 비전이 없는 사람은 자신의 욕망을 따라 살다가 망합니다. 그러나 비전이 있는 사람은 하나님의 뜻을 따라 살며 자신의 시간을 영원과 연결합니다.

2. 비전은 하나님께 순종하는 사람을 통해 하나님이 이루십니다.

하나님은 아브람에게 말씀하십니다. "내가 그것을 네게 주리라!(17

철)" 이것은 하나님의 약속입니다. 하나님의 이 약속은 역사적으로는 약 500년 뒤, 모세의 인도를 따라 가나안에 들어간 이스라엘을 통해 이루어졌고, 궁극적으로는 다윗의 자손으로 오신 하나님의 아들 예수 그리스도를 통해 완전히 이루어졌습니다.

하나님의 약속이 지켜지지 않은 적은 없기에 하나님의 비전은 반드시 이루어집니다. 앞으로도 그럴 것입니다. 그러기에 하나님의 시간 안에서 비전은 이미 이루어진 하나님의 일입니다. 하나님은 당신이 선택한 사람에게 비전을 주십니다. 그리고 당신께 순종하는 당신의 사람들을 통해 비전을 이루십니다.

3. 비전을 바라보고, 하나님께 순종해야 합니다.

아브람은 하나님의 음성을 들으며 장막을 이동하였고, 하나님이 복을 주실 때마다 하나님께 단을 쌓았던(창 12:7, 8, 13:4) 사람입니다. 하나님께 비전을 받은 아브람은 헤브론의 마므레 상수리 수풀에 이르러 거주하며 이번에도 하나님을 위해 제단을 쌓았습니다. 아브람의 제사 행위는 자신에게 비전을 주신 하나님에 대한 감사와 신뢰 표현이었고, 하나님이 주신 비전을 바라보고 있다는 증거였습니다. 게다가 아브람의 제사는 하나님이 주신 비전을 따르는 순종이기도 했습니다.

우리는 있는 자리에서 하나님이 주신 비전을 바라보고 있습니까? 성도로서 우리는 내가 있는 자리에서 하나님이 주신 비전을 바라보고,

하나님께 순종해야 합니다. 하나님께 감사와 신뢰를 드리며 비전에 이끌리는 삶을 살아야 합니다. 이 삶이 우리가 일상에서 드려야 할 살아있는 제사입니다.

1. 하나님께서 주신 비전을 어떻게 알 수 있을까요?
2. 아브라함이 하나님께 단을 쌓고 예배드린 것처럼 하나님의 비전을 이루어가는 과정을 어떻게 실천할 수 있을지 나누어 봅시다.

보내셨으니, 가라!

─ 소그룹 인도 ─

사도신경 : 다같이 ┃ 찬송 : 505장(통 268) ┃ 기도 : 회원 중 ┃ 본문 말씀 : 요17:1-26
┃ 헌금 찬송 : 찬 341(통 367) ┃ 헌금 기도 : 회원 중 ┃ 주기도문 : 다같이

성도는 하나님의 비전을 품고 있는 사명자입니다. 사명자가 아닌 성
도는 없습니다. 사명자인 우리는 하나님께 2개의 명령을 받았습니다.
하나는 하나님이 인간을 창조하신 뒤 주신 "생육하고 번성하여 땅 위
에 있는 모든 것을 다스리라(창 1:28)"는 최초의 명령입니다. 다른 하
나는 예수님께서 승천하시기 전에 주신 명령으로서 "땅끝까지 복음을
전파하라"는 명령입니다(마 28:19-20). 성도는 이 명령에 순종함으
로 사명을 완수합니다. 오늘은 이 2개의 명령 중 두 번째 명령을 중심
으로 성도의 사명에 대해 알아봅니다.

1. 예수님은 제자들이 사명을 이룰 수 있기를 기도하셨습니다.

본문은 십자가의 죽음을 앞두신 예수님의 기도입니다. 예수님은 먼저 자신과 성부 하나님을 영화롭게 하는 기도를 하셨습니다(1-5절). 이 기도는 유일하신 하나님과 하나님께서 보내신 예수 그리스도를 아는 일이 영생의 본질이라는 귀한 진리를 담고 있습니다.

이어 예수님은 제자들을 악으로부터 보호하시고, 그들이 맡은 사명을 잘 수행할 수 있도록 돌보시며, 진리로 거룩하게 해 주실 것을 간구하셨습니다(6-19절). '저희를 세상에 보내었고(18절)'라는 예수님의 기도에는 제자들이 세상 속에 보내진 사명자라는 분명한 정의가 들어 있습니다.

끝으로 예수님은 제자들이 하나 되기를 원하셨습니다. '아버지께서 내 안에, 내가 아버지 안에 있는 것같이 저희도 하나가 되어(21절)'라는 예수님의 기도에서 제자들의 하나 됨이 예수님이 원하시는 일이란 것을 알 수 있습니다. 교회는 하나가 되어야 합니다. 하나가 되어 기도하고(마 18:19), 전도해야 합니다(엡 4:4-7). 하나님의 말씀으로 하나가 되어 사단의 세력을 물리치며 사명을 감당해야 합니다.

2. 성도의 사명은 그리스도의 증인이 되는 일입니다.

성도는 세상 모든 사람에게 복음을 전하기 위해 땅끝까지 가라는 명령을 받았습니다. 이 사명의 시작은 하나님이 내게 주신 사랑에 대한 감사와 감격이며, 영혼을 사랑하고 긍휼히 여기는 마음입니다. 이 마음을 가지고 성도는 세상으로 가서 예수 그리스도의 증인이 되어야 합니다. 게다가 십자가와 부활을 경험한 성도는 세상으로 가서 내가 보고, 경험한 하나님의 은혜에 증인이 되어야 합니다.

예수님은 증인이 되어 성부와 성자와 성령의 이름으로 세례를 주라고 명령하셨습니다. 세례는 예수 그리스도를 진심으로 영접하고 십자가의 구속과 부활을 확실히 믿는 사람에게 '그가 믿음을 가졌다'라는 것을 증명하는 일입니다. 우리는 세례를 주어 새로운 증인이 태어났음을 축하하고, 그 역시 그리스도의 증인이 되도록 인도해야 합니다.

3. 성도는 말씀을 가르치며 지키는 사명이 있습니다.

예수님은 "내가 분부한 모든 것을 가르쳐 지키게 하라"라고 말씀하셨습니다. 성도에게는 사람에게 말씀을 가르쳐 지키게 하는 사명이 있습니다.

"말씀을 가르친다"라는 말은 교리를 가르치거나 성경공부를 인도하는 것을 넘어서는 신앙 행위를 의미하는 것입니다. 그래서 성경을 가르치는 최고의 방법은 본을 보이는 것입니다. 말씀이 현장에서 하나님의 영광을 위해 움직이는 몸이 되도록 지도해야 한다는 말입니다. 이 사명을 감당하려면 내가 먼저 겸손하게 성경으로부터 가르침을 받아야 합니다. 그리고 반드시 순종으로 하나님의 말씀을 실천해야 합니다. 우리가 하나님의 말씀을 배우고, 말씀에 순종하면 그것 자체가 울림을 주는 가르침이 됩니다. 우리는 살아 움직이는 성경이 됩니다.

먼저 성경을 읽고, 성경의 가르침에 순종하십시오. 울림을 주는 가르침, 살아 움직이는 성경이 되십시오. 이것이 사명자로 사는 길입니다.

1. 우리의 사명은 무엇이라고 생각하십니까?
2. 예수님의 사명을 감당하는 삶 속에서 우리는 여러 도전에 직면하게 됩니다. 사명을 수행할 때 어려움을 느꼈던 경험과 그에 대한 해결책을 함께 나누어 봅시다.

변함없이 즉시
행동하는 믿음으로

소그룹 인도

사도신경 : 다같이 | 찬송 : 370장(통 455) | 기도 : 회원 중 | 본문 말씀 : 수14:6-15
| 헌금 찬송 : 찬 449(통 377) | 헌금 기도 : 회원 중 | 주기도문 : 다같이

세상 모든 것은 변합니다. 변하지 않는 것은 없습니다. 그러나 변하는 것들 속에서 하나님을 경외하는 믿음은 변함없어야 합니다. 왜 변함없는 믿음이 중요할까요? 변함없는 믿음이 우리가 삶을 마치는 날까지 우리의 삶을 올바른 방향으로 이끌어가기 때문입니다. 성경은 "우리 주 예수 그리스도를 변함없이 사랑하는 모든 자에게 은혜가 있을지어다(엡 6:24)"라고 했습니다. 변함없는 믿음이 어떤 믿음인지를 보여주는 잘 보여주는 사람 중 하나가 갈렙입니다. 우리는 갈렙에게서 변함없는 믿음의 정수를 봅니다.

1. 갈렙은 변함없는 믿음을 가진 사람이었습니다.

갈렙은 유다 지파 족속으로, 모세가 가나안을 정복하기 전에 보낸 12명의 정탐꾼 중 한 사람이었습니다. 10명의 정탐꾼이 가나안을 정복할 수 없다고 부정적인 보고를 했을 때, 갈렙은 여호수아와 함께 가나안을 정복할 수 있다고 긍정적인 보고를 했던 믿음의 사람이었습니다.

그로부터 45년이란 시간이 흘러 이스라엘은 가나안에 들어갔고, 여호수아가 가나안 땅을 각 지파에게 분배합니다. 이때 갈렙은 모세가 자신에게 주기로 약속한 기업을 달라고 요청합니다. 그런데 갈렙이 여호수아에게 요구한 땅은 이스라엘이 정복한 땅이 아니었습니다. 아직 정복되지 않은 땅인 헤브론 산지였습니다. 헤브론에는 이스라엘 백성들이 두려워하던 아낙 자손이 살고 있었고, 갈렙의 나이는 85세였습니다. 하지만 갈렙은 이 산지를 내게 달라고 합니다. 분명 시간은 많이 흘러 갈렙의 몸은 이전과 같지 않겠지만, 45년 전이나 지금이나 갈렙의 믿음은 변함이 없었습니다.

2. 갈렙의 변함없는 믿음은 약속 위에 서 있는 믿음이었습니다.

갈렙의 믿음이 변함이 없었던 이유는 갈렙이 하나님을 온전히 따랐고(8절), 그가 하나님의 약속 위에 굳건히 서 있었기 때문입니다. 그럼에도 지금 헤브론 산지에는 정복하기가 만만치 않은 아낙 자손이 살고 있습니다. 아낙 자손은 이스라엘에게 두려움을 주는 대상입니다. 또 지금 갈렙의 나이는 정복전쟁을 하기에는 버거운 나이인 85세입니다. 그러나 갈렙은 이런 상황을 염두에 두지 않습니다. 그는 상황을 계산하지 않고, 45년 전에 가나안 정탐을 했을 때처럼 하나님의 약속을 기억했고, 그 약속을 바라봅니다. 갈렙은 가나안 정탐 때 모세가 자신에게 한 약속을 기억했습니다. 그리고 그 약속에 근거하여 헤브론을 자기에게 달라고 요청합니다.

변함없는 믿음은 자기 암시나 자기 확신이 아닙니다. 변함없는 믿음은 하나님과 하나님이 하신 약속을 신뢰하는 데서 나오는 현실 해석과 현실 인식입니다. 갈렙은 하나님이 주신 약속 위에 굳게 서 있었습니다.

3. 갈렙의 믿음은 살아있는 믿음이었습니다.

갈렙은 하나님의 약속에 근거한 자기 믿음을 즉시 행동에 옮겼습니다. 하나님의 말씀대로 아낙 자손을 물리치는 데 앞장섰습니다. 갈렙의 살아 있는 믿음은 45년 전에 있었던 과거의 약속을 현재로 만들었습니다. 결국 하나님의 말씀대로 행한 갈렙은 헤브론 땅을 기업으로 받았습니다.

기독교 신앙에서 믿음과 행동은 나뉠 수 없습니다. 믿음은 정신적인 영역이고, 행동은 육체적인 영역인 게 아닙니다. 믿음이 곧 행동입니다. 행동이 믿음의 실재를 드러냅니다. 나뉘지 않고 하나로 존재하는 믿음과 행동이 기적을 일으키고, 새 역사를 창조합니다. 성경은 살아 있는 믿음이 창조한 이야기들로 가득합니다. 지팡이로 홍해를 가르라는 하나님의 말씀대로 모세가 행할 때 홍해가 갈라졌고, 법궤를 메고 요단강으로 들어가라는 말씀대로 행할 때 요단강이 갈라졌습니다. 우리도 그런 이야기를 쓰는 사람들이 될 수 있습니다. 살아있는 믿음으로 살면 됩니다.

1. 갈렙의 변함없는 믿음은 어디에서 비롯되었을까요?
2. 갈렙은 하나님의 말씀을 듣고 그것을 실천했습니다. 우리도 하나님의 말씀을 듣고 실천하기 위해 어떤 구체적인 행동을 할 수 있을지 나누어 봅시다.

너에게 묻는다.
너는 뜻을 세웠는가?

─ 소그룹 인도 ─

사도신경 : 다같이 | 찬송 : 342장(통 395) | 기도 : 회원 중 | 본문 말씀 : 단1:1-16
| 헌금 찬송 : 찬 488(통 539) | 헌금 기도 : 회원 중 | 주기도문 : 다같이

뜻을 정하고 사는 인생과 뜻 없이 사는 인생에는 큰 차이가 있습니다. 출발할 때는 두 인생이 비슷해 보입니다. 별 차이가 없습니다. 그러나 시간이 지날수록 두 인생의 차이가 벌어집니다. 뜻을 정하고 살아가는 인생은 시간이 지날수록 더욱 든든해지고 많은 열매를 맺습니다. 반면 뜻 없이 살아가는 인생은 시간이 지날수록 무너져 갑니다. 우리는 뜻을 정한 인생을 살아야 합니다. 이런 우리에게 좋은 역할 모델이 다니엘입니다. 다니엘의 삶에서 우리가 어떻게 뜻을 정한 인생을 살아야 하는지를 찾아봅니다.

1. 우리는 신앙의 정체성을 허물려는 세상에 살고 있습니다.

바벨론 왕 느부갓네살은 포로로 잡혀 온 이스라엘 소년 중에 똑똑한 소년을 뽑아 갈대아 사람들의 학문과 언어를 가르치도록 명령합니다. 그들에게 왕의 음식과 포도주를 주어 3년을 기르라고 합니다. 그들이 자국의 정체성을 잊게 하고, 영민한 그들을 바벨론 제국에 충성하는 갈대아 사람들로 길러내려는 조치였습니다. 이 명령의 한복판에 이스라엘 사람 다니엘과 그의 세 친구가 있습니다.

하나님의 백성이자 성도인 우리는 세상 안에 살고 있습니다. 그러나 세상은 단지 거주 공간을 뜻하지 않습니다. 세상은 공중 권세 잡은 마귀가 어슬렁거리는 영적 구역입니다. 마귀가 이 세상에 있는 목표는 명확합니다. 인간이 하나님의 뜻에 대적하는 삶을 사는 것입니다. 그래서 세상은 하나님의 백성이자 성도라는 우리의 정체성을 잊게 하려는 유혹들로 가득합니다. 우리는 우리의 정체성을 허물려는 유혹과 시도로 가득한 세상에 살고 있습니다.

2. 뜻을 정하고 살아야 합니다.

환관장 아스부나스는 이스라엘 사람 중에서 다니엘과 그의 세 친구를 뽑습니다. 그들은 바벨론 동화 정책의 대상이 되었습니다. 이 말은 망한 나라 남유다의 포로가 대제국 바벨론의 주류 사회로 진입할 기회를 얻었다는 말이었습니다. 다니엘과 세 친구에게는 엄청난 신분 상승의 기회가 주어졌습니다. 그러나 다니엘과 세 친구는 왕의 음식과 포도주로 자신을 더럽히지 않겠다고 다짐합니다. 이 다짐은 하나님의 선민이라는 자신의 정체성을 지키겠다는 자기 선언이었습니다. 한 마디로 다니엘과 세 친구는 바벨론 제국에서 출세하고, 명예와 권력을 얻는 쉬운 길을 포기하고 선민 이스라엘의 정체성을 지키는 어려운 길을 걷겠다고 다짐합니다.

세상은 우리에게 하나님께 대적하여 성공하는 넓고 쉬운 길을 걸으라고 유혹합니다. 굳이 힘들게 하나님의 백성이자 성도로 살면서 고난받는 길을 걸을 필요가 있느냐고 속삭입니다. 그러나 넓고 쉬워 보이는 그 길은 멸망으로 가는 길입니다. 하나님의 백성이자 성도인 우리는 하나님께 순종하는 길을 걷겠다고 뜻을 세워야 합니다. 이 뜻이 우리를 영원과 생명으로 인도합니다.

3. 정한 뜻을 실천합니다.

뜻을 정한 다니엘과 세 친구는 왕의 음식을 거부하기 시작합니다. 그러자 하나님도 그들의 실천에 응답하십니다. 하나님은 채식하고 물만 먹은 이스라엘 소년들의 얼굴이 왕이 주는 음식을 먹은 소년들보다 더 아름답고 좋게 하셨습니다. 또 하나님은 다니엘과 세 친구에게 지혜와 총명을 주시어 그들을 바벨론의 지식인들보다 뛰어나게 하셨습니다. 바벨론 제국의 심장에서 하나님의 백성이라는 정체성을 잃지 않으려는 그들의 결단과 다짐이 이루어지도록 섭리하신 것입니다.

세상 안에서 하나님의 백성이자 성도로 살겠다는 결단을 바로 실천에 옮겨야 합니다. 머뭇거리면 유혹의 세기와 강도만 더 커집니다. 하나님의 뜻에 나를 던지면 전에는 경험하지 못했던 것을 경험합니다. 하나님의 백성이자 성도라는 내 정체성대로 살아가는 삶으로 돌입할 때, 우리는 우리를 위해 일하시는 하나님을 볼 수 있습니다. 내 삶에 기적이 일어납니다. 하나님께서 나와 함께하시는 증거들이 나타납니다.

나눔

1. 다니엘이 뜻을 정한 이유는 무엇일까요?
2. 현대 사회에서 다니엘이 겪었던 유혹과 비슷한 도전들이 있습니다. 이런 유혹 속에서 신앙을 지키기 위해 우리는 무엇을 할 수 있을지 함께 나눠 봅시다.

살아 있는 책

소그룹 인도

사도신경 : 다같이 | 찬송 : 202장(통 241) | 기도 : 회원 중 | 본문 말씀 : 벧후1:19-21
| 헌금 찬송 : 찬 449(통 377) | 헌금 기도 : 회원 중 | 주기도문 : 다같이

기독교는 말씀의 종교이고, 그리스도인은 말씀의 사람입니다. 그래서 하나님의 말씀에 붙잡힌 바울은(행 15:5) "오직 성경으로!"라고 외쳤으며, 웨슬리는 '한 책의 사람'이었습니다. 경건한 믿음의 선배들, 역사를 바꾼 기독교인들, 평범하지만 일상에서 거룩한 삶을 살며 하나님의 나라를 일구었던 신앙인들은 모두 성경을 귀중하게 여긴 말씀의 사람이었습니다. 성경에 사로잡힌 사람은 하나님이 역사를 창조하시는 일에 쓰시는 거룩한 존재가 됩니다. 과연 성경은 어떤 책이길래 우리를 이렇게 만들까요?

1. 성경은 일관되게 예수 그리스도를 증언합니다.

성경은 구약과 신약으로 나누어집니다. 히브리어로 쓰인 구약은 39권, 헬라어로 신약은 27권입니다. 구약은 1,500년 동안 26명의 저자들이 기록하였고, 신약은 100년 동안 9명의 저자들이 기록하였습니다. 성경은 다른 시대, 다른 장소에서 35명의 저자들이 다양한 문학 양식을 사용하여 기록한 책입니다. 그러나 성경은 신비할 정도로 한 사람이 쓴 것처럼 하나의 주제를 일관되게 다루고 있습니다. 성경 전체에 흐르는 일관된 주제는 '예수 그리스도'입니다.

예수님은 "너희가 성경에서 영생을 얻는 줄 생각하고 성경을 연구하거니와 이 성경이 곧 내게 대하여 증언하는 것이니라(요 5:39)"라고 하셨습니다. 성경은 예수 그리스도에 대한 증언입니다. 구약은 오실 그리스도에 초점이 맞추어져 있고, 신약은 이미 오신 그리스도와 다시 오실 그리스도에 초점이 맞추어져 있습니다.

2. 성경을 쓰신 분은 성령님입니다.

성경은 성령의 영감에 의해 기록되었기에 진리의 말씀입니다(시 119:151, 요 17:17). 그래서 성경에는 오류가 없습니다. 성령님은 성경 저자들의 마음에 진리를 계시하시고, 그 진리를 오류 없이 기록하도록 간섭하셨습니다. 그래서 성경은 신적인 요소와 인간적인 요소가 조화를 이루고 있습니다. 성경을 쓴 저자들은 한 분 성령님께 영감을 받아 예수 그리스도라는 하나의 주제를 기록했으나, 각 성경은 그

성경을 쓴 개인의 특성이 고스란히 반영하고 있습니다.

참 진리인 성경의 저술에 간섭하신 성령님의 일하심은 계시, 영감, 조명이라는 3가지 용어로 설명됩니다. 계시는 참된 진리의 전달, 영감은 전달된 진리의 기록, 조명은 기록된 진리의 이해와 관계가 있습니다. 성령님은 이 3가지 방법을 사용하여 우리에게 구원을 주시는 단 한 분, 예수 그리스도를 증언하는 책인 성경을 기록하셨습니다. 그리고 우리가 성경을 읽으며 진리이신 예수님을 올바로 이해하게 하십니다.

3. 성경은 살아 있는 하나님의 말씀입니다.

성경은 인간의 말로 기록된 책의 모양을 가지고 있습니다. 그러나 성경은 단지 책이 아닙니다. 성경은 실존하시는 삼위 하나님의 말씀입니다.

성경이 하나님의 말씀이라는 말은 "성경 안에 생명이 들어있다"라는 말입니다. 에스겔 선지자가 하나님의 말씀을 대언했을 때, 마른 뼈들이 살아나 큰 군대가 되었습니다(겔 27). 베드로가 하나님의 말씀을 선포했을 때(행 2:37), 스데반이 하나님의 말씀을 전했을 때(행 7:54), 청중들은 살아 있는 말씀에 마음이 찔렸습니다. 바울이 데살로니가에 가서 하나님의 말씀을 전했을 때, 하나님의 말씀은 살아 움직였습니다(살전 2:13). 하나님의 말씀은 살아 있고 활력이 있어 좌우에 날선 어떤 검보다도 예리하여 혼과 영과 및 관절과 골수를 찔러 쪼개기까지 하며 또 마음의 생각과 뜻을 판단합니다(히 4:12).

하나님은 살아계십니다. 성경은 살아계신 하나님의 말씀입니다. 성경 안에는 영원히 죽지 않는 참 생명이 들어 있습니다. 그래서 성경을 읽는 사람들은 예수 그리스도를 만나 그분을 내 구주로 영접합니다. 인격이 달라지고, 삶의 변화를 경험합니다. 우리가 거듭난 것은 '하나님의 살아 있고 항상 있는 말씀(벧전 1:23)' 때문입니다.

 성경이 유기적으로 통일성을 갖는다는 것을 어떻게 이해할 수 있을까요? 성경이 살아 있는 하나님의 말씀이라는 사실을 우리의 삶 속에서 어떻게 체험할 수 있을까요?

태어나서, 자라고, 섬기며, 온전해지고

소그룹 인도

사도신경 : 다같이 | 찬송 : 200장(통 235) | 기도 : 회원 중 | 본문 말씀 : 딤후3:14-17
| 헌금 찬송 : 찬 315(통 512) | 헌금 기도 : 회원 중 | 주기도문 : 다같이

모든 생명은 먹는 것으로써 생명을 유지합니다. 먹지 않고 생명을 유지할 수 없습니다. 그래서 사람도 죽을 때까지 끊임없이 무엇을 먹습니다.

그런데 사람은 흙에 하나님의 숨이 더해진 영적 존재이기 때문에 눈에 보이는 양식만이 아니라 눈에 보이지 않는 양식까지 먹어야 진정으로 살 수 있습니다. 그래서 사람이 강건하려면 육신의 양식과 영적인 양식을 모두 먹어야 합니다.

그렇다면 사람이 진정한 생명을 위해 먹어야 할 영적 양식은 무엇일까요? 바로 하나님 말씀입니다. 예수님은 "사람이 떡으로만 살 것이 아니요, 하나님의 입으로부터 나오는 모든 말씀으로 살 것이라(마 4:4)"라고 하심으로써 인간은 영적인 양식을 먹어야 진정으로 사는 존재임을 가르치셨습니다. 그리스도인은 매일 하나님의 말씀을 먹어야 합니다. 하나님의 말씀을 먹을 때, 우리에게는 어떤 일이 일어날까요?

1. 새로운 존재로 태어납니다.

예수님은 니고데모와 대화하실 때, 거듭남(중생)에 대해 말씀하셨습니다(요 3:5). 구원이란 허물과 죄 때문에 죽은 영혼이 다시 태어나는 것입니다(엡 2:1). 사람은 거듭나는 것으로써 진짜 태어나야 합니다.

성경은 진짜 태어나야 할 인간이 구원에 이르게 하는 지혜를 줍니다(15절). 베드로는 "썩지 아니할 씨로 된 것이니 살아 있고 항상 있는 하나님의 말씀으로 되었느니라(벧전 1:23)"라고 했습니다. 야고보는 "그가 그 피조물 중에 우리로 한 첫 열매가 되게 하시려고 자기의 뜻을 따라 진리의 말씀으로 우리를 낳으셨느니라(약 1:18)"라고 했습니다. 인간은 하나님의 말씀으로 거듭난다는 말입니다.

인간이 하나님의 말씀을 들을 때, 성령께서 오십니다. 인간에게 오신 성령은 하나님의 말씀을 듣는 인간을 거듭나게 하십니다. 하나님의 말씀은 우리를 새로운 존재로 태어나게 합니다.

2. 신앙이 자랍니다.

거듭남은 신앙의 끝이 아닙니다. 거듭남은 신앙의 시작입니다. 하나

님의 말씀은 거듭난 존재인 성도가 온전한 하나님의 사람으로 자라게
합니다(17절).

베드로는 거듭남(벧전 1:23)을 말한 뒤, 이어서 성장(벧전 2:2)을
말합니다. 성도는 영적으로 계속 성장해야 한다는 뜻입니다. 신앙에
도 단계가 있고, 성숙도의 차이가 있습니다. 젖을 먹는 수준의 어린아
이 신앙이 있고, 단단한 음식을 먹는 장성한 사람의 신앙이 있습니다
(히 5:11-14). 갓 태어난 아이가 어린아이, 청년, 장년으로 성장하
듯이(요일 2:14, 고전 13:11) 신앙은 자라야 합니다(빌 1:25; 살후
1:3; 엡 4:13-16).

이 성장 과정에서 하나님의 말씀을 먹는 일은 필수입니다. 말씀 없
이 성장은 없습니다. 영적 양식(糧食)인 하나님의 말씀을 들으면 믿음
이 생깁니다(롬 10:17). 계속 말씀을 들으면 믿음이 자랍니다. 성도
는 하나님의 말씀으로 계속 양육을 받아야 합니다(딤전 4:6).

3. 하나님이 원하시는 선한 일을 하는 온전한 사람이 됩니다.

장성한 사람은 일하는 사람입니다. 장성한 사람은 어디서든 제 몫을
합니다. 장성한 사람은 일함으로써 삶의 의미를 만들어 내고, 자신이
속한 공동체를 지탱합니다.

기독교 신앙에서 최고의 일은 예수님이 본을 보이신 대로 섬기는 일
입니다. 신앙의 꼭짓점에는 섬기는 사람이 있습니다. 장성한 사람은
섬기는 사람입니다. 성도는 계속 자라고 자라 섬기는 사람이 되어야

합니다.

기독교에서는 섬기는 사람이 온전한 사람입니다. 기독교에서 온전은 흠이 없음, 완벽함, 능력이 많음이 아닙니다. 어떤 자리에서든 섬기는 사람으로 존재하는 일입니다.

본문은 하나님의 말씀이 성도를 올바로 자라게 하여(16절) 마침내 온전한 사람이 되게 하고, 선한 일을 행할 능력을 갖추게 한다고 말합니다(17절). 매일 신령한 양식인 하나님의 말씀을 먹는 사람은 상성한 사람이 됩니다. 하나님이 원하시는 선한 일을 행할 능력을 갖추어 그 일을 하며 온전해집니다.

1. 하나님의 말씀을 통해 영적으로 성장한다는 것은 구체적으로 어떤 과정을 의미할까요?
2. 하나님의 말씀이 우리의 영적 사역에 어떤 영향을 미칠 수 있을까요?

듣고, 읽고, 외우라

소그룹 인도 ────

사도신경 : 다같이 | 찬송 : 199장(통 234) | 기도 : 회원 중 | 본문 말씀 : 시119:17-24
| 헌금 찬송 : 찬 432(통 462) | 헌금 기도 : 회원 중 | 주기도문 : 다같이

성경은 살아 있는 하나님의 말씀입니다. 하나님의 말씀이 내 삶의 중심에 있을 때 내 삶은 하나님이 드러시는 통로가 됩니다. 하나님의 말씀에 순종하는 삶을 살 때 내 삶의 모든 일은 하나님을 드러내는 기적입니다. 하나님의 말씀에 붙들려 살면 내 삶은 영원과 연결된 거룩한 시간이 됩니다. 그렇다면 우리 삶에 복된 일을 가져오는 하나님의 말씀을 가까이하기 위해 우리는 어떻게 해야 할까요?

1. 하나님의 말씀을 듣습니다.

하나님의 말씀을 들을 때 믿음이 생깁니다(롬 10:17). 하나님의 말씀을 듣는 가장 중요한 통로는 설교입니다. 꾸준히 정기적으로 예배에 출석하여 설교를 들으십시오. 말씀을 듣는 만큼 믿음은 성장합니다.

설교를 듣는 방법은 첫째, 간절히 사모하는 마음으로 듣는 것입니다. 적극적인 태도로 하나님의 말씀을 들으십시오. 둘째, "아멘"하는 마음으로 듣는 것입니다. 이 마음은 모든 것을 수용하는 마음입니다. 베드로의 설교를 들었던 청중은 "아멘"하는 마음으로 말씀을 들어 구원받았습니다(행 2:37-41). 반면 스데반의 설교를 들었던 청중은 "아멘"하는 마음이 없어 설교자 스데반을 돌로 쳐 죽이는 악을 행했습니다(행 7:54-60). "아멘"하는 마음으로 설교를 들으십시오. 셋째, 설교를 설교자의 말이 아니라 하나님의 말씀으로 받으십시오. 설교는 그런 형식을 띠고 있지만, 결코 교양 강좌나 강연이 아닙니다. 설교는 설교자를 통해 선포되는 하나님의 말씀이기에, 설교를 내게 선포되는 하나님의 말씀으로 들으십시오.

2. 성경을 읽습니다.

하나님은 우리에게 성경 읽기를 요구하십니다(신 17:19; 딤전 4:13; 계 1:3). 우리는 하나님의 계시가 담긴 성경을 읽음으로써 하나님의 말씀과 가까이 지낼 수 있습니다.

성경을 읽는 방법으로는 첫째, 정독이 있습니다. 정독은 분석하며 읽기로서 주의 깊게 관찰하며 읽는 것입니다. 우리는 단어의 뜻과 글의 구조 등을 파악하며 성경을 자세하게 읽을 수 있습니다. 정독은 성경을 깊이 이해하는 데 큰 도움이 됩니다. 둘째, 다독이 있습니다. 다독은 종합하여 읽기로서 성경의 처음부터 끝까지 성경의 흐름에 유의하며 성경을 읽는 것입니다. 우리는 성경의 부분에 집중하기보다 전체 내용 파악을 위해 성경을 읽을 수 있습니다. 다독은 성경의 큰 틀을 이해하는 데 도움을 줍니다. 셋째, 규칙적으로 읽기가 있습니다. 정독과 다독을 하려면 먼저 규칙적으로 읽기가 되어야 합니다. 매일 일정 분량의 성경을 읽는 것이 습관이 될 때, 비로소 정독과 다독도 가능해집니다.

3. 성경을 외웁니다.

성경 암송은 설교 듣기나 성경 읽기보다 힘들고 어렵기에 성경 암송을 하려면 더 많은 시간과 에너지를 써야 합니다. 그러나 성경 암송은 성도에게 주시는 하나님의 명령입니다(신 6:6, 11:18; 시 119:11). 그렇다면 어떤 이유에서 성경 암송을 명령하셨을까요? 성경 암송이 하나님의 말씀을 읽고, 듣고, 공부하는 것보다 훨씬 더 학습 효과가 높기 때문입니다.

성경 암송이란 하나님의 말씀을 우리의 마음에 새기는 일입니다. 암송한 하나님의 말씀은 우리를 지키는 성령의 검입니다(엡 6:17). 예수님께서 마귀의 시험을 물리치실 수 있었던 까닭은 하나님의 말씀을 외우고 계셨기 때문이었습니다(마 4:1-11).

먼저 성경을 읽거나 공부하다가 은혜가 되었던 말씀을 외우는 것으로 암송을 시작하십시오. 거기에 기독교 신앙에 핵심이 되는 말씀을 추가하여 외우면 나를 지키는 성령의 검은 더욱 예리해집니다. 시중에 성경 암송을 돕는 여러 도구가 나와 있습니다. 그것들을 사용하여 성경을 외우십시오. 자꾸 외우다 보면 효과적으로 암송하는 법을 익히게 될 것입니다.

 1. 우리가 말씀을 들을 때, 어떻게 하면 마음에 더 잘 새기고 적용할 수 있을까요?

2. 성경을 외우는 것이 왜 중요한지, 그리고 외운 말씀을 어떻게 삶에서 사용할 수 있을까요?

말씀이 몸이 되고, 삶이 되려면

소그룹 인도

사도신경 : 다같이 | 찬송 : 201장(통 240) | 기도 : 회원 중 | 본문 말씀 : 시119:97-112
| 헌금 찬송 : 찬 390(통 444) | 헌금 기도 : 회원 중 | 주기도문 : 다같이

성경은 지식의 범위를 늘리기 위해서가 아니라 우리의 삶을 변화시키기 위해서 주어졌습니다(D. L. Moody). 그리스도인은 말씀의 사람입니다. 그리스도인은 하나님의 말씀과 가깝게 지냄으로써 삶의 변화를 경험해야 합니다. 말씀이 몸이 되고 삶이 되는 것이 신앙이고, 말씀이 내 삶의 중심에 놓인 사람이 그리스도인입니다. 말씀이 내 몸이 되고, 삶이 되려면 어떻게 해야 할까요?

1. 하나님의 말씀을 묵상합니다.

인간적인 요소가 있기에 성경은 책의 모양을 가졌으나, 성령님의 간섭이라는 신적인 요소가 있기에 성경은 책 이상의 책입니다. 하나님의 말씀과 가깝게 지내려면 읽기를 넘어 묵상을 해야 합니다.

묵상은 소의 되새김질에 비유할 수 있습니다. 씹고, 또 씹어 내 몸으로 만드는 것입니다. 묵상은 하나님의 말씀과 나의 관계를 기억하는 일이며, 하나님의 말씀을 내 삶에 어떻게 적용할지를 탐색하는 일입니다. 우리는 묵상으로 하나님의 말씀이 지닌 깊은 뜻을 알아갑니다(103절). 깊은 묵상을 위해 우리의 생각을 하나님의 말씀에 집중하고 고정하는 일이 필요합니다.

다음과 같이 성경을 묵상하십시오. 첫째, 매일 규칙적으로 경건의 시간(Q.T)을 가집니다. 정해진 시간에 정해진 장소에서 고요히 하나님과 교제합니다. 둘째, 성경 본문을 짧게 정하여 반복적으로 깊이 되새깁니다. 셋째, 성경을 지금 나에게 주시는 하나님의 말씀으로 여기고 구체적으로 적용합니다.

2. 말씀대로 실천합니다.

시인은 하나님의 말씀에 대한 묵상(99절)뿐 아니라 실천(100절)을 노래합니다. 묵상의 목표는 말씀대로 사는 일에 있기 때문입니다. 성경 묵상의 목표는 '지식 쌓기'가 아니라 '하나님께 순종하기'입니다.

성경이 말하는 '앎'은 개념 습득이 아닙니다. 사람이나 사물의 본질을 경험하여 그것의 본질을 꿰뚫는 것입니다. 진정한 앎은 실천과 곧바로 연결됩니다. 알면 바로 움직이게 됩니다. 하나님을 아는 것은 하나님께 순종하는 것입니다. 성경을 묵상하는 일은 하나님께 순종하는 일입니다. 순종이 제사보다 낫습니다(삼상 15:22). 행함이 없는 믿음은 죽은 믿음입니다(약 2:17, 26). 하나님의 말씀을 실천하는 사람은 집을 반석 위에 지은 지혜로운 사람이나, 실천하지 않는 사람은 집을 모래 위에 지은 어리석은 사람입니다(마 7:24-27).

묵상의 목표는 성경을 많이 아는 사람이 되는 게 아니라 성경대로 사는 사람이 되는 일에 있습니다. 머리만이 아니라 존재 전체로 성경을 읽으십시오. 하나님께 순종하기 위해 성경을 묵상하십시오.

3. 말씀을 전파합니다.

예수님이 승천하신 이후 성령의 충만을 받은 제자들은 하나님의 말씀을 전하기 시작합니다. 바울은 디모데에게 성경을 자세히 설명하고(딤후 3:14-17), 때를 얻든지 못 얻든지 말씀 전파하는 일을 항상 힘쓰라고 명령합니다(딤후 4:1-2). 여기서 보듯이 하나님의 말씀을 전하는 일은 제자들의 절대적인 사명이었습니다.

말씀 전파는 곧바로 엄청난 핍박에 직면했습니다. 말씀을 전파하면서 제자들은 욕을 먹고, 핍박을 받았으며, 심지어 죽기도 했습니다.

하지만 제자들은 말씀 전파를 그치지 않았습니다. 베드로와 요한은 산헤드린 공회의 위협 앞에서도 "우리는 보고 들은 것을 말하지 아니할 수 없다(행 4:20)"라고 했습니다. 초대교회의 직분자 스데반(행 6-7장)과 빌립(행 8장)은 교회 안에서는 주어진 직분을 충실하게 감당했고, 교회 밖에서는 하나님의 말씀을 전하는 일에 충성했습니다. 핍박을 받아 도망하면서도 제자들은 하나님의 말씀 전파를 게을리하지 않았습니다(행 8:4).

꾸준한 말씀 전파는 그들을 하나님의 말씀이 존재의 중심에 놓인 사람으로 바꾸었고, 그들이 더욱 성장하게 했습니다. 그들이 알고 있던 말씀은 그들의 몸이 되고, 삶이 되었습니다. 그러자 그들은 세상이 이기지 못하는 사람이 되었고, 하나님의 나라는 더욱 커졌습니다. 꾸준히 말씀을 전파할 때, 우린 말씀의 사람이 됩니다.

1. 하나님의 말씀을 매일 묵상하는 시간이 얼마나 중요한가요?
2. 하나님의 말씀을 전하는 것의 중요성은 무엇일까요?

PART/ 02

페이스메이커[1]
예수님을 따라 걷기

> **소그룹 인도**
>
> 사도신경 : 다같이 | 찬송 : 312장(통 341) | 기도 : 회원 중 | 본문 말씀 : 막8:34-38
> | 헌금 찬송 : 찬 570(통 453) | 헌금 기도 : 회원 중 | 주기도문 : 다같이

"누구든지 나를 따라오려거든 자기를 부인하고 자기 십자가를 지고 나를 따를 것이니라(막 8:34)!" 기독교 신앙은 예수님의 제자가 걸어야 할 길을 걷는 것입니다. 회심은 종교를 바꾸는 게 아닙니다. 성령님의 인도를 받아 제자의 길로 들어서는 것입니다. 그래서 기독교 신앙의 중심에는 '제자도'가 있는 것이고, 기독교의 역사는 제자도에 헌신한 사람들이 만든 시간입니다. 제자도에 헌신하는 성도가 되는 것

---

1) 페이스메이커 육상의 중, 장거리 경주에서 다른 선수가 좋은 기록을 낼 수 있도록 다른 선수의 목표가 될 만한 속도로 다른 선수를 유도하거나 앞질러 가는 선수를 뜻한다. 페이스메이커는 대회에서 기록 달성 목표 시간의 기준이 되거나, 팀원이 좋은 성적을 거둘 수 있도록 전략적인 희생을 한다.

이 기독교 신앙의 목표입니다. 우리는 제자의 길로 불린 하나님의 사람들입니다. 제자의 길은 어떤 길입니까? 우리는 어떻게 제자의 길을 걸어야 합니까?

1. 참 제자의 길은 자기를 부인하는 길입니다.

'자기 부인'을 억압으로 생각하기 쉽습니다. 그러나 자기 부인은 생각과 감정의 억압이 아닙니다. '나'라는 존재를 부정하는 일도 아닙니다. 자기 부인은 "내 삶의 주인은 누구인가?"를 묻는 일에서 시작하여 내 삶의 주인이신 하나님께 엎드리는 일입니다. 자기 부인은 내 삶의 주인이 하나님이심을 아는 인식이고, 이 인식으로 살아가는 삶의 태도입니다.

나와 내 삶의 주인은 하나님이십니다. 하나님이 우주 최고의 권세입니다. 피조물 '나'는 창조주 하나님의 소유입니다. 창조주 하나님의 뜻에 순종하는 것이 피조물 '나'의 의무이자 능력입니다. 나는 하나님의 아랫자리에 설 때, 가장 나답게 빛나는 존재입니다.

자기 부인은 이 우주적인 진리의 실천입니다. 자기 부인은 하나님의 뜻과 내 뜻이 다를 때 하나님의 뜻을 따르는 순종입니다. 하나님의 판단과 내 판단이 다를 때 내 판단을 내려놓는 포기입니다.

2. 참 제자의 길을 걸으려면 헌신이 있어야 합니다.

"누구든지 자기 목숨을 구원하고자 하면 잃을 것이요 누구든지 나와 복음을 위하여 자기 목숨을 잃으면 구원하리라(막 8:35)." 비우지 않으면 채울 수 없습니다. 잃지 않으면 얻을 것이 없습니다. 제자의 길은 인생의 이 진리가 적용되는 길입니다. 제자의 길은 희생 없이는 갈 수 없고, 눈물을 흘리지 않고는 갈 수 없는 자기 헌신의 길입니다. 대가 지불 없이는 제자가 될 수 없습니다.

헌신의 끝은 내 목숨을 내어놓는 것입니다. 내 목숨을 내어놓는 방법은 하나님께 내 삶의 초점을 맞추는 일이며, 삶의 우선순위를 하나님을 중심으로 조정하는 일입니다. 나를 중심으로 생각하고, 나만 위하는 내 목숨을 내어놓으면 영원한 목숨을 얻습니다. 하나님의 나라와 그 의를 구하는 일에 삶의 우선순위를 두면 의식주를 뛰어넘어 사는 인생이 됩니다. 제자는 하나님께 헌신하는 사람, 하나님께 내 목숨을 내어놓는 사람입니다.

3. 제자에겐 생명의 면류관이 준비되어 있습니다.

제자의 길은 자기 부인과 강력한 헌신이 요청되는 길입니다. 결코 걷기에 쉬운 길이 아닙니다. 제자의 길은 뼈를 깎는 성실과 오랜 인내, 남몰래 흘리는 눈물이 요구되는 길입니다. 곳곳에서 언제 빠질지 모를 외로움과 상처, 고단함이라는 웅덩이가 출몰하는 거친 길입니다.

그러나 제자의 길은 걷는 일이 힘든 만큼 보람도 큰길입니다. 훗날 우리는 제자의 길이 끝나는 지점에서 손에 생명의 면류관을 드신 하나님을 보게 될 것입니다. 그때 페이스 메이커로서 우리와 함께 제자의 길을 걸으셨던 하나님은 제자의 길을 완주한 우리에게 생명의 면류관을 씌워 주실 것입니다.

1. 자기를 부인하는 삶은 구체적으로 어떻게 실천할 수 있을까요?
2. 세상과 다협하지 않고 예수님을 부인하지 않는 믿음을 어떻게 지킬 수 있을지 나누어 봅시다.

낮게, 낮게, 더 낮게

소그룹 인도

사도신경 : 다같이 ㅣ 찬송 : 33장(통 12) ㅣ 기도 : 회원 중 ㅣ 본문 말씀 : 마21:1-11
ㅣ 헌금 찬송 : 찬 212(통 347) ㅣ 헌금 기도 : 회원 중 ㅣ 주기도문 : 다같이

"겸손만큼 사람을 마귀의 손아귀에서 멀리 벗어나게 하는 것은 없
다." 청교도 신학자 조나단 에드워드의 말입니다. 대단한 은사를 가진
사람, 능력 있는 사람도 어느 순간에 무너지거나 타락합니다. 역사에
는 이런 예가 많습니다. 하지만 겸손한 사람은 무너지거나 타락하지
않기에, 마귀도 겸손한 사람을 어쩔 수 없습니다. 오히려 겸손한 사람
은 마귀를 이깁니다. 하나님 앞에 설 때까지 내가 서 있어야 하는 자
리를 분별하고, 마귀와 영적 전쟁을 하는 성도가 갖추어야 할 덕목이
있다면 바로 겸손입니다. 예수님은 완전한 겸손의 예를 보여 주셨습

니다. 예수님에게서 겸손이 무엇인지를 알아봅시다.

1. 예수님은 왕이셨습니다.

본문은 예수님이 예루살렘에 들어가시는 장면입니다. 많은 무리가 예루살렘에 들어오시는 예수님을 맞으며 소리 높여 이렇게 말했습니다. "호산나 다윗의 자손이여! 찬송하리로다, 주의 이름으로 오시는 이여! 가장 높은 곳에서 호산나!" 예수님이 왕이라는 말이었습니다. 맞는 말이었습니다. 메시아이신 예수님은 왕으로 오실 거라고 구약에 예언되어 있었습니다(미 5:2; 슥 9:9). 동방박사들이 예수님의 탄생을 알고 유대의 왕 헤롯에게 와서 '유대인의 왕'을 찾았던 이유도 여기 있었습니다(마 2:2).

예수님은 우주의 주권자 하나님이 성령의 기름을 부어 왕의 직무를 맡긴 분이셨습니다. 구약에 오기로 예언된 참된 왕이셨습니다.

2. 예수님은 겸손한 왕이셨습니다.

왕이신 예수님은 구약의 예언대로(시 62:11; 슥 9:9) 나귀 새끼를 타고 예루살렘에 들어오셨습니다. 자신이 어떤 왕인지를 선포하시기 위해서였습니다.

세상의 왕은 백성 위에 있는 존재입니다. 왕은 백성을 섬기지 않고, 백성들의 섬김을 받습니다. 왕은 백성 위에 군림하며, 백성에게 명령하는 존재입니다. 겸손은 왕이 갖출 덕목이 아닙니다.

하지만 예수님은 달랐습니다. 예수님은 백성들을 섬기러 오신 분이었습니다. 겸손은 진짜 왕이신 예수님이 갖춘 덕목이었습니다(마 21:5). 예수님은 세상의 왕들처럼 화려한 말을 타지 않고, 작고 보잘것없는 나귀를 타고 오셨습니다. 그럼으로써 겸손한 왕이라는 자신의 정체성을 선포하셨습니다.

예수님의 겸손은 창조주의 낮아지심을 말합니다. 창조주 하나님께서 죄인이 되어버린 인간을 섬기기 위해 피조물의 모습이 되는 낮아짐을 감행하셨습니다. 이 낮아짐이 예수님의 겸손이었습니다. 예수님은 인간의 모습으로 이 땅에 오신 겸손의 왕이셨습니다.

3. 예수님은 죽기까지 겸손하셨습니다.

예수님의 겸손은 자기가 지닌 힘, 자기가 사용할 수 있는 힘을 포기하는 방식으로 드러났습니다. 예수님은 자신이 태어날 곳으로 이스라엘의 수도 예루살렘 왕궁 대신 유다의 변방 베들레헴의 마구간을 선택하셨습니다. 백성들 위에 군림하는 엄정한 권위가 아니라 백성들과 어울리는 친근한 권위로 천국 복음을 전파하셨습니다. 죽음마저도 무릎을 꿇게 하는 왕이 되시는 방법으로 예수님은 무력하게 십자가에서 죽는 방법을 선택하셨습니다. 자신을 죽이려는 사람들과 싸워 이기지 않고, 그들에게 모욕받고 조롱당하며 십자가에서 비참하게 죽으셨습니다.

예수님께서 이렇게 낮아지신 이유는 인간을 구원하기 위해서였습니다. 낮아져서 죽어야만 십자가에서 인간의 죄를 모두 없앨 수 있기 때문이었습니다. 그래서 예수님은 겸손하셨습니다. 겸손하시되 죽기까지 겸손하셨습니다.

1. 예수님은 왜 겸손한 모습으로 이 땅에 오셨다고 생각하시나요?
2. 나귀를 타고 오신 예수님의 겸손한 행보가 오늘 우리에게 어떤 교훈을 주는지 이야기해 봅시다.

여기까지
사랑의 눈금을 올려라!

┌─ 소그룹 인도 ─

사도신경 : 다같이 | 찬송 : 149장(통 147) | 기도 : 회원 중 | 본문 말씀 : 눅23:32-43
  | 헌금 찬송 : 찬 292(통 415) | 헌금 기도 : 회원 중 | 주기도문 : 다같이

우리 삶에는 고난이 있습니다. 고난의 원인은 여러 가지입니다. 그
중 가장 의미 있는 고난이 영혼을 사랑하는 데서 받는 고난입니다. 다
른 고난과 달리 이 고난은 우리가 내 안에 있는 선한 의지를 사용하여
자처한 고난입니다. 이 고난을 받는다는 것은 우리 신앙의 성숙도가
얼마인지를 나타내는 지표입니다. 예수님은 이 고난의 본보기를 보여
주심으로써 우리의 신앙이 어디까지 자라야 하는지를 가르쳐 주셨습
니다. 오늘은 예수님의 고난에서 우리의 신앙이 어디까지 자라야 하
는지를 알아봅니다.

1. 예수님은 배신자를 사랑하셨습니다.

고난의 절정인 십자가의 죽음을 앞둔 예수님은 제자들에게 배신당하시는 것으로 고난받으셨습니다. 예수님은 3년이나 동고동락하며 전도단의 재정을 맡았던 유다가 자신을 배신하고 원수에게 은 30냥을 받고 자신을 팔아넘길 것을 알고 계셨습니다(마 26:21). 또 예수님은 모두 수제자라고 인정하는 베드로가 자신을 부인할 것도 알고 계셨습니다(마 26:34).

인간관계에서 가장 가까운 거리에 있는 사람들의 배신만큼 아픔을 주는 일은 없습니다. 더구나 그들의 배신은 3년에 걸친 제자훈련이 물거품이 된다는 것을 뜻했습니다. 예수님의 고통이 얼마나 컸을지 짐작조차 안 됩니다.

하지만 예수님은 끝까지 제자들을 사랑하셨습니다. 배신자를 품으셨습니다. 예수님은 배신자 가룟 유다에게 회개할 기회를 주셨습니다(마 26:25). 베드로가 많은 사람 앞에서 공개적으로 자기를 부인했는데도 나무라거나 질책하시지 않고 바라만 보셨습니다(눅 22:61).

2. 예수님은 원수를 사랑하셨습니다.

예수님은 무죄였습니다. 예수님은 유대의 종교권력과 로마의 정치권력이 자기들의 유익을 위해 힘을 합쳐 만들어 낸 죄인이었습니다. 그런 예수님을 로마 병사들이 무자비하게 하였고, 그들은 예수님에게 채찍질하고, 침을 뱉었습니다. 예수님에게 가시관을 씌우고, 온갖 조롱을 퍼부었습니다. 나중에는 가장 고통을 준다는 형틀인 십자가에 예수님을 무자비하게 못 박았습니다. 그들의 무자비한 행동은 예수님의 고통을 증폭시켰습니다.

그런데 예수님은 그들에게 저항하거나 분노하시지 않았습니다. 다만 그들을 용서하셨습니다. 더 나아가 사랑하셨습니다. 십자가에 매달리신 예수님은 그들을 대신해 하나님께 용서를 비는 기도를 드리셨습니다. "원수를 사랑하라"는 말씀을 몸소 실천하신 것입니다.

3. 예수님은 죄인을 사랑하셨습니다.

당시 십자가형은 최고의 형벌이었습니다. 악질적인 범죄자나 반역자에게 가해지는 무서운 형벌이었습니다. 이런 점으로 볼 때, 예수님의 좌우에 같이 달렸던 강도들은 중범죄자였을 것입니다. 예수님은 두 강도 중 예수님을 비방하는 다른 강도를 꾸짖으며 회개하는 강도를 용서하셨습니다(42-43절). 고통받으며 죽어가시면서도 죄인을 사랑하신 것입니다.

그러나 예수님의 진정한 죄인 사랑은 거기가 끝이 아니었습니다. 예수님은 십자가에서 죽으심으로써 타락하여 죄인이 된 모든 인간을 용서하셨습니다. 예수님의 십자가는 사람의 몸을 입고 오신 하나님이신 예수님께서 죄인을 사랑하시는 방법이었습니다. 예수님은 십자가에서 죽기까지 구원받을 필요가 있는 역사 속의 모든 인간을 사랑하셨습니다.

나눔

1. 예수님께서 가룟 유다와 베드로의 배신에도 불구하고 그들을 사랑하셨던 이유는 무엇일까요?

2. 우리는 예수님처럼 죄인을 사랑하고 용서하는 마음을 어떻게 실천할 수 있을까요? 회개와 용서의 의미에 대해 함께 이야기해 봅시다.

큰 사람이 되고,
으뜸이 되려면

┌─── 소그룹 인도 ───

사도신경 : 다같이 | 찬송 : 144장(통 144) | 기도 : 회원 중 | 본문 말씀 : 막10:32-45
 | 헌금 찬송 : 찬 415(통 471) | 헌금 기도 : 회원 중 | 주기도문 : 다같이

십자가는 예수님을 삶의 본보기로 삼는 예수의 제자들이 가져야 할 정신의 상징입니다. 예수님의 제자들인 우리는 십자가를 통해 인생의 초점을 어디에 두어야 하는지, 누구를 삶의 본보기로 삼고 살아가야 하는지 정확히 알게 합니다. 오늘은 본문을 읽으며 함께 십자가가 가리키는 방향으로 나가보겠습니다. 이것은 "십자가를 지는 삶은 어떤 삶인가?"란 물음에 대한 답을 찾는 일이기도 합니다.

1. 고난 너머에 있는 영광을 바라보는 것입니다.

지금 예수님의 관심은 '고난'입니다(32-34절). 예수님의 관심은 온통 '어떻게 아버지 하나님이 내게 주시는 잔을 마실까?'에 가 있습니다. 지금 예수님이 하시려는 일은 자신을 높이고, 드러내려는 일이 아닙니다. 그래서 섬김입니다. 예수님이 되려는 신분은 왕이 아니라 종입니다.

반면 지금 야고보와 요한의 관심은 '영광'입니다. 그들만 그런 것이 아니라 제자들 모두 그렇습니다. 제자들의 관심은 온통 "누가 더 크냐?"에 가 있습니다. 지금 제자들이 하려는 일은 지배입니다. 제자들이 되려는 신분은 으뜸입니다.

그래서 야고보와 요한이 예수님에게 한 이야기(선생님께서 영광을 받으실 때 하나는 선생님 오른 쪽에, 하나는 선생님 왼쪽에 앉게 해주세요.)를 듣자 나머지 10명의 제자는 화를 냅니다. 야고보와 요한이 반칙했다고 여겼기 때문입니다.

그러나 예수님은 흥분한 제자들에게 자신이 이 땅에 오신 이유가 십자가를 지는 일에 있다고 말씀하십니다. 영광을 바라기 이전에 고난을 바라야 한다고, 영광에 이르려면 고난을 통과해야 한다고 말씀하십니다. 십자가를 지는 고난 없이 영광은 없습니다.

2. 남을 배려하는 일입니다.

세베대의 아들 야고보와 요한은 다른 제자들 몰래 예수님에게 찾아와 나중에 권력을 잡게 되면 자신들을 높은 자리에 앉혀달라고 부탁합니다. 그들의 행동은 동고동락하며 전도 여행을 하는 동료들에 대한 배려가 없는 행동이었습니다. 그들에겐 자신이 제일 중요했습니다. 내가 가장 위에 있어야 했습니다. 이 행동으로 그들 안에 감춰졌던 이기심이 여지없이 드러납니다. 나중에 이 사실을 알게 된 10명의 제자는 그들에게 화를 냅니다. 이 화의 정체는 정의로운 분노였을까요? 아닙니다. 시기심입니다. 야고보와 요한의 이기적인 행동에 대한 그들의 반응으로 그들 안에 감춰졌던 경쟁심과 이기심이 여지없이 드러납니다. 12명의 제자가 서 있는 위치는 다 다릅니다. 그러나 그들의 행동은 한결같이 남을 배려하는 마음이 없는 그들의 초라한 내면과 인간의 본능을 폭로합니다.

하나님은 이 세상이 예수 그리스도를 중심으로 하나가 되기를 바라십니다(엡 1:10). 성도된 우리가 하나님의 이 뜻에 순종하는 삶을 살려면 '나' 중심의 삶이 아니라 남을 배려해야 합니다. 나만 중요하다는 생각, 내가 제일 위에 있어야 한다는 욕망을 부인하고, 타인을 배려하며 살아야 합니다. 남을 배려하려는 마음 위에 세워지는 사랑이 십자가입니다.

3. 섬기는 삶을 사는 것입니다.

야고보와 요한만 욕망을 드러낸 것이 아닙니다. 그들의 행동에 분노했던 10명의 제자는 모두 같은 욕망에 뿌리내리고 있었습니다. 으뜸이 되어(44절) 권세를 가지고 지배하는 삶을 살고 싶다(42절)는 욕망이었습니다. 그런 제자들에게 예수님은 "섬기는 종이 되라(44절)"고

하셨습니다. 가장 큰 사람은 섬기는 사람이라고 가르치셨습니다. 섬기는 사람이 되는 것이 자신이 이 땅에 오신 목적이고, 그 목적이 사람이 이 땅에 존재하는 이유라고 말씀하셨습니다.

우주에서 가장 큰 존재는 하나님이고, 하나님의 마음은 사랑입니다. 사랑은 상대를 섬기는 것으로 내가 존재하며, 상대를 섬기는 일이 기쁨이 되는 삶의 방식입니다. 예수님은 이 진리를 전하기 위해 오신 하나님으로 십자가를 통해 사랑의 본을 보이셨습니다. 십자가 정신은 이 사랑의 본보기를 따르는 정신입니다. 섬기는 삶을 살 때, 우리는 지금 내가 져야 할 십자가를 지게 됩니다. 예수님의 제자가 되는 것입니다.

1. 세상의 권력과 성공을 추구하는 대신 '섬기는 자가 되라'는 예수님의 말씀을 우리는 어떻게 실천할 수 있을까요?

2. 오늘날 우리도 예수님의 고난을 본받아 어떤 삶을 살아야 할지, 고난을 바라보는 성경적인 태도에 대해 이야기해 봅시다.

예수님의 성품을
닮아가는 길에 서다.

소그룹 인도

사도신경 : 다같이 | 찬송 : 502장(통 259) | 기도 : 회원 중 | 본문 말씀 : 마5:1-16

| 헌금 찬송 : 찬 211(통 346) | 헌금 기도 : 회원 중 | 주기도문 : 다같이

교회는 성도들의 모임입니다. 그러나 이 말이 교회가 완전하다는 의미는 아닙니다. 중세의 타락한 교회를 보고도 기독교인이 된 유대교 랍비는 이렇게 말했습니다. "그렇게 타락한 지도자들이 있는데도 존재하는 교회라면 분명히 교회는 사람이 아니라 하나님께서 세우신 것이다."

그의 말처럼 교회는 완전하지 않습니다. 그럼에도 교회는 예수 그리스도를 이 땅에 드러내는 중요한 통로입니다. 교회는 하나님이 세우신 무엇입니다. 과연 교회의 본질은 무엇일까요?

1. 교회는 예수님을 닮아가라고 하나님이 부르신 사람들의 모임입니다.

하나님은 당신이 작정하신 때에 당신이 선택한 사람을 당신의 백성이자 소유로 부르십니다. 그러면 그는 하나님 앞에서 자신의 죄를 인정하고 고백하며 거듭납니다. 거듭난 뒤에는 자기 안에 예수 그리스도의 형상이 이루어지기까지(갈 4:19) 주님을 닮아가는 일에 헌신합니다. 이 헌신자들의 모임이 교회입니다. 교회는 충만한 은혜와 진리로 자신을 계시하신(요 1:14) 예수님의 성품을 닮아가는 사람들의 모임입니다.

교회의 본질은 교회를 통해 예수 그리스도를 이 땅에 드러내시려는 하나님의 섭리 안에 있습니다. 사도 바울은 예수님을 교회의 머리로, 교회는 그분의 몸이라고 비유했습니다(엡 1:22-23). 교회는 그리스도의 몸으로서 이 땅에 예수 그리스도를 보여주기 위해 하나님이 부르신 사람들의 모임입니다.

2. 산상수훈의 '팔복(八福)'은 예수님의 성품을 계시합니다.

성도가 닮아가야 할 주님의 성품은 산상수훈의 '팔복(八福)'에서 그 실마리를 찾을 수 있습니다(마 5:3-12). 이 여덟 가지 복은 하나님의 은혜로 천국 백성이 된 성도의 내면에 관한 것입니다. 성도가 하나님의 인도에 이끌려 닮게 되고, 결국 닮아가게 될 예수님의 성품을 의미합니다.

성도가 받을 첫 번째 복은 '심령의 가난함'입니다. 늘 하나님의 사랑에 배가 고프고, 하나님의 은혜에 목이 마르며, 하나님의 구원에 주린 마음입니다. 두 번째 복은 '애통하는 마음'입니다. 죄로 가득한 현실을 보며 가슴 아파하는 마음입니다. 세 번째 복은 '온유한 마음'입니다. 모든 일에 열려 있고, 분명한 목적을 향해 집중하는 부드러운 마음입니다. 네 번째 복은 '의에 주리고 목마른 마음'입니다. 하나님의 의와 은혜를 갈망하는 마음입니다. 다섯 번째 복은 '긍휼히 여기는 마음'입니다. 어려운 사람들의 처지에 공감하고, 그들의 아픔에 동참하는 마음입니다. 여섯 번째 복은 '청결한 마음'입니다. 모든 것에서 하나님을 보는 깨끗한 마음입니다. 일곱 번째 복은 '화평케 하는 마음'입니다. 하나님과 사람, 사람과 사람 사이에 평화의 다리를 놓는 마음입니다. 여덟 번째 복은 '의를 위해 핍박을 받는 마음'입니다. 하나님 나라를 위하여 기꺼이 대가를 치르려는 태도입니다.

3. 예수님의 성품으로 세상을 섬기는 교회가 되어야 합니다.

예수님의 성품을 닮아가는 사람들의 모임인 교회는 섬김으로 이 땅에 예수 그리스도를 드러내기 원하십니다. 예수님께서는 교회를 통해 자신이 드러나시는 두 가지 방식을 말씀하셨습니다. 하나는 소금의 방식이며, 다른 하나는 빛의 방식입니다.

소금은 녹아 없어지면서 맛을 냅니다. 소금은 모습을 드러내지 않으면서도 맛으로 자신의 존재를 증명합니다. 소금의 방식은 일상에서 예수님을 드러내는 삶의 방식입니다. 교회는 일상에 소금처럼 녹아

들어가 예수 그리스도의 맛, 복음의 맛, 생명의 맛을 내야 합니다. 하나님께 순종할 때, 성도의 평범해 보이는 일상은 예수님의 성품이 녹아 들어간 거룩한 현장이 됩니다.

예수님의 성품이 드러나는 또 하나의 방식은 빛의 방식입니다. 높은 곳에 놓인 등불은 집 안을 환하게 합니다. 빛의 방식은 사람들이 뚜렷하게 볼 수 있는 섬김과 봉사로 예수님을 드러내는 방식입니다. 교회의 선한 삶을 통해 세상 사람들은 하나님의 영광을 알게 되고, 예수 그리스도를 발견합니다. 성실하게 예수님의 성품을 닮아가는 길을 걷는 교회는 어두운 세상을 밝히는 빛입니다.

1. 우리는 왜 교회에 대해 실망하게 될 때가 있을까요?
2. 빛과 소금처럼 하나님의 영광을 드러내는 삶이 무엇인지 함께 나누어 봅시다.

섬기는 삶을 사는
우리의 이름은 교회

소그룹 인도

사도신경 : 다같이 | 찬송 : 503장(통 273) | 기도 : 회원 중 | 본문 말씀 : 요13:1-20
  | 헌금 찬송 : 찬 213(통 348) | 헌금 기도 : 회원 중 | 주기도문 : 다같이

　예수님은 잡히시던 날, 제자들과 마지막으로 시간을 보내면서 두 가지 중요한 일을 하셨습니다. 하나는 제자들과 유월절 음식을 드시면서 성찬을 제정하신 것이며, 또 하나는 제자들의 발을 씻기며 섬김의 본을 보이신 것입니다. 이 두 가지는 예수님께서 이 땅에 오신 목적을 상징적으로 보여줍니다. 예수님은 이 두 가지 일로써 제자들에게 마지막 가르침을 주셨습니다. 성찬이 예수님이 십자가에서 죽으심이 우리에게 어떤 의미가 있는지를 말하는 사건이라면, 제자들의 발을 씻기신 것은 신앙의 본보기로 제시된 사건입니다. 그렇다면 예수님이

제자들의 발을 씻기신 일이 말하는 신앙의 본보기는 무엇일까요?

1. 예수님은 섬기는 삶을 살기 위해 이 땅에 오셨습니다.

제자들과 함께 저녁을 잡수시던 예수님은 식사를 중단하셨습니다. 그리고 자리에서 일어나 대야에 물을 떠서 제자들의 발을 친히 씻기기 시작하셨습니다. 유대 풍습에 따르면 보통 식사 전에 손님의 발을 씻어줍니다. 식사 중에 이런 일이 일어났다는 것은 식사 전에 발을 씻어준 사람이 없었다는 뜻입니다.

예수님은 예상 밖의 행동으로 제자들의 주의를 자신에게 모으셨습니다. 그리고 제자들에게 중요한 것을 가르치셨습니다. 십자가의 죽음을 앞두고 예수님은 잊지 못할 행동으로써 그들이 결코 잊어서는 안 될 것을 효과적으로 가르치셨습니다. 그것은 자신이 이 땅에 오신 목적으로서, '섬김'이라는 삶의 가치였습니다.

예수님의 섬김은 단지 친절과 겸손을 의미하지 않습니다. 예수님의 섬김은 인류를 구원하기 위해 자기 목숨을 내어줌입니다. 이 내어줌에는 자발적인 헌신과 용서가 들어있습니다. 예수님은 무디어진 제자들의 의식을 깨는 창조적인 행동으로 자신이 이 땅에 오신 이유가 섬김에 있음을 가르치셨습니다.

2. 우리도 서로의 발을 씻겨야 합니다.

제자들의 발을 씻기신 예수님은 자리에 앉으신 뒤, 스승으로서 먼저 제자들의 발을 씻기신 이유에 대하여 설명하셨습니다. 예수님은 자신이 먼저 보이신 대로 서로의 발을 씻기라고 하십니다. 예수님은 자신이 보이신 섬김을 제자들이 기억하고, 이를 실천하라고 하셨습니다.

 여기서 중요한 점은 '서로'의 발을 씻긴다는 점입니다. 우월한 한쪽이 열등한 한쪽의 발을 씻기는 게 아닙니다. '서로' 상대의 발을 씻겨야 합니다. 예수님은 제자들을 있는 모습 그대로 받으셨고, 그들을 섬기셨습니다. 그럼으로써 그들의 약점을 채워 당신의 제자로 세우셨습니다. 이 본을 받아 예수님의 제자들은 서로의 발을 씻겨야 합니다. 상대를 있는 모습 그대로 받아들이고, 서로 상대의 죄와 허물을 용서해야 합니다. 서로 돌아보며, 상대를 세워주어야 합니다. 이것이 예수님께서 자기의 삶과 죽음으로 본을 보이신 섬김의 정신과 섬김의 방식입니다.

3. 교회는 세상의 발을 씻어주어야 합니다.

 신자들의 모임인 교회는 섬김의 공동체입니다. 섬김의 공동체로서 교회는 두 가지 차원을 가집니다. 첫째, 내부적 차원입니다. 교회는 섬김을 통해 진정한 의미에서 공동체가 됩니다. 자기를 희생하고, 서로 용납하는 일 없이 공동체를 이룰 수 없습니다. 교회는 철저하게 섬김의 정신 위에만 세워집니다. 서로 섬기는 모습을 볼 때, 사람들은 교회가 예수 그리스도의 제자라는 사실을 알게 됩니다.

 둘째는 외부적 차원입니다. 교회는 세상을 섬기는 공동체가 되어야 합니다. 예수님께서 제자들의 발을 씻기셨고, 제자들이 서로의 발을 씻기듯이 교회는 세상의 발을 씻겨야 합니다. 어떻게 세상을 섬길 수 있습니까? 죄악이 가득한 세상에 죄 사함과 자유의 복음을 전해야 합니다. 고통으로 신음하는 세상의 낮은 곳까지 찾아가 사람들의 상처를 치유하고, 회복을 도우며, 세우는 일을 해야 합니다. 예수님을 본보기 삼아 세상을 섬길 때, 세상은 교회에서 사랑 가득한 예수님의 모습을 볼 것입니다.

1. 예수님께서 제자들의 발을 씻기신 이유는 무엇일까요?
2. 교회가 세상에서 발을 씻어주는 역할을 하려면 어떤 사역과 노력이 필요한지 나누어 봅시다.

부활; 하나님께 선물 받은 새 생명의 표현

소그룹 인도

사도신경 : 다같이 ｜ 찬송 : 165장(통 155) ｜ 기도 : 회원 중 ｜ 본문 말씀 : 롬6:1-14
｜ 헌금 찬송 : 찬 204(통 379) ｜ 헌금 기도 : 회원 중 ｜ 주기도문 : 다같이

성도는 예수 그리스도의 죽음과 연합한 존재이면서, 부활과도 연합한 존재입니다. 십자가와 부활은 복음의 핵심입니다. 복음의 핵심에 기초한 부활 신앙이 기독교 신앙입니다. 부활은 어떤 사건입니까? 부활은 나와 어떤 관계가 있으며, 부활 신앙은 어떻게 내 삶에 적용되어야 합니까?

1. 예수님의 부활은 분명한 역사적 사실입니다.

예수님의 부활은 명백한 역사적 사실이고, 이 위에 선 기독교는 부활의 종교입니다. 예수님은 부활하셔서 40일 동안 열한 번 제자들에게 나타나셨습니다. 550명이 넘는 사람들이 부활하신 예수님을 목격하였습니다. 토마스 아놀드는 옥스퍼드 대학의 현대사학과 주임교수로 임명되었을 때 부활의 역사적 확실성에 대한 그의 신앙을 다음과 같이 증언했습니다. "나는 여러 해 동안 다른 시대의 역사에 관해 연구하고, 저자와 기록을 고찰해 보았다. 그러나 하나님께서 우리에게 주신 가장 위대한 기적, 즉 예수님의 죽음과 부활 사건보다 더 완전히 증명될 수 있는 사실들이 인류 역사에는 없다."

인류의 역사를 보면 부활의 허구성을 증명하려는 시도들이 많이 있었습니다. 그러나 모두 실패로 끝났습니다. 오히려 수많은 사람이 예수님의 부활을 확신하며 생명을 바쳐 부활의 증인이 되었습니다.

예수님의 부활이 역사적 사실이란 사실은 빈 무덤에서뿐 아니라 목격자들의 증언과 변화된 제자들의 모습 속에서도 증명됩니다. 성령의 강림 사건과 더불어 예루살렘에서 시작된 교회가 세계 방방곡곡에 세워진 것은 예수 그리스도가 부활하셨다는 명백한 증거입니다. 우리가 예수 그리스도의 부활을 축하하며 예배를 드리고, 부활의 증인으로 살겠다고 결단하는 것은 예수님의 부활이 역사적 사건이라는 사실에 근거하고 있습니다. 예수님은 분명히 부활하셨습니다.

2. 예수님의 부활로 우리는 새 생명을 얻었습니다.

"예수님을 믿고 거듭난다"라는 것은 예수님의 십자가로 말미암아 죄에 대하여 죽고, 예수님의 부활로 말미암아 새로운 생명으로 태어나는 것을 의미합니다. 모든 인간에게는 해결할 수 없는 2가지 문제가 있습니다. 죄의 문제와 죽음의 문제입니다. 그런데 예수님은 십자가를 통해 죄 문제를 해결하셨고, 부활을 통해 죽음의 문제를 해결하셨습니다. C.S. 루이스는 "예수님의 최대 업적은 그분이 부활의 메시지를 선포하신 것이고, 그 메시지대로 다시 사신 것이다"라고 했습니다.

우리 안에 생기 있고 활기차게 움직이는 생명은 예수님의 부활로 말미암아 우리에게 선물로 주어진 것입니다. 예수님의 부활이 없다면 우리의 믿음은 헛것입니다. 예수님이 부활하시지 않았다면 우리는 여전히 죄 가운데 있을 것입니다. 그러나 그리스도께서 죽은 자 가운데서 다시 살아나 잠자는 자들의 첫 열매가 되심으로써(고전 15:20) 우리는 새 생명이 되었습니다.

신약성경은 예수님의 부활로 말미암아 새 생명을 얻은 사람들의 아름다운 이야기로 가득합니다. 그들은 모두 고난 속에서도 기뻐하고 감사하며 복음을 위해 살았습니다. 자기들이 예수 그리스도의 생명을 가지고 있다는 진리를 확신했기 때문입니다. 그 생명이 지금 우리 안에도 살아 숨 쉬고 있습니다.

3. 부활은 지금 우리의 삶에서 드러나야 합니다.

부활은 과거에 있었던 단 한 번의 사건이 아닙니다. 지금 내 삶에서 순간순간 드러나야 하는 신앙의 능력입니다.

우리는 예수 그리스도를 믿고 거듭남으로써 새로운 피조물이 되었습니다(고후 5:17). "새로운 피조물이 되었다"라는 말은 "새로운 속성을 가진 존재로 태어났다"라는 말입니다. 새로운 속성은 죄에 관해서는 죽고, 그리스도 예수 안에서 하나님께 대하여는 살려는 것입니다(롬 6:11). 우리가 새로 태어날 때, 내 삶의 주인은 죄에서 하나님으로 바뀌었습니다. 죄는 더 이상 우리의 주인이 아닙니다. 우리는 예수님을 새로운 주인으로 모셨습니다. 새로 태어난 나는 전에는 알지 못하던 하나님을 인식하고, 하나님께 순종하려 합니다. 아직 죄를 완전히 극복하지는 못했으나, 이제 더는 죄가 우리의 생활을 지배하지 못합니다.

부활하신 예수님이 주인이 되시어 내 안에 사시는 생활을 할 때, 우리의 삶에는 새로운 생각과 감정이 넘칩니다. 새로운 생각과 감정은 새로운 가치를 추구하는 행동으로 이어집니다. 성품이 변하고, 행동이 달라집니다. 안에서 시작된 변화가 점차 밖으로 드러나고, 우리의 삶에는 아름다운 열매들이 맺힙니다.

부활 신앙은 부활 교리를 단순히 암기하는 종교 행위가 아닙니다. 부활 신앙은 예수님을 나의 주인으로 모심으로써 시작된 내적인 변화가 외적 변화로까지 이어지는 생생한 연속과정입니다. 부활 신앙은 지금 우리의 삶에서 드러나야 하는 새 생명의 표현입니다.

1. 부활이 역사적인 사실임을 믿고 고백하는 것이 우리에게 어떤 의미가 있을까요?
2. 삶 속에서 부활의 기쁨과 소망을 어떻게 고백하며 나누고 있는지 이야기해 봅시다.

생명은 생명을 낳고, 열매는 또 다른 열매를 맺고

소그룹 인도

사도신경 : 다같이 | 찬송 : 505장(통 268) | 기도 : 회원 중 | 본문 말씀 : 롬10:9-15
| 헌금 찬송 : 찬 455(통 507) | 헌금 기도 : 회원 중 | 주기도문 : 다같이

교회는 예수 그리스도의 부활을 삶으로 고백하는 사람들의 모임입니다. 하나님은 교회를 통해 그리스도의 성품을 이 땅에 드러내십니다. 교회는 예수님이 이 땅에 오신 목적대로 세상을 섬기는 사명을 수행하는 공동체입니다. 교회가 지닌 사명의 핵심은 예수 그리스도의 생명을 이 땅에 전하는 일입니다. 왜 교회는 예수 그리스도의 생명을 전해야 할까요? 교회는 어떻게 복음을 전해야 할까요?

1. 예수님의 생명을 전하는 것은 예수님의 명령입니다.

예수님은 "너희는 온 천하에 다니며 만민에게 복음을 전파하라. 믿고 세례를 받는 사람은 구원을 얻을 것이요 믿지 않는 사람은 정죄를 받으리라(막 16:15-16)"라고 하셨습니다. "너희는 가서 모든 민족을 제자로 삼아 아버지와 아들과 성령의 이름으로 세례를 베풀고 내가 너희에게 분부한 모든 것을 가르쳐 지키게 하라. 볼지어다. 내가 세상 끝날까지 너희와 항상 함께 있으리라(마 28:19-20)"라고도 하셨습니다. 예수님이 승천하시기 전, 제자들에게 남기신 마지막 말씀은 "땅 끝까지 이르러 내 증인이 되리라(행 1:8)"였습니다. 예수님이 제자들에게 하신 명령에서 복음의 전파는 가장 중요한 명령이고, 지상에서 예수님이 남기신 마지막 유언입니다. 교회는 예수님이 완전히 이루신 인간 구원의 사역을(요 17:4) 전해야 할 사명이 있습니다.

2. 복음 전파에 생명을 걸어야 합니다.

전도자 바울은 제3차 선교 여행을 마친 뒤 예루살렘으로 돌아가려고 합니다. 이 말은 바울이 체포와 구금, 죽음이 기다리는 줄 알면서도 예루살렘에 들어간다는 뜻이었습니다. 자진하여 순교의 길로 들어가기 전에 바울은 에베소교회의 장로들에게 고별 설교를 합니다.

"보라 이제 나는 성령에 매여 예루살렘으로 가는데 거기서 무슨 일을 당할는지 알지 못하노라. 오직 성령이 각 성에서 내게 증언하여 결박과 환난이 나를 기다린다 하시나 내가 달려갈 길과 주 예수께 받은 사명 곧 하나님의 은혜의 복음을 증언하는 일을 마치려 함에는 나의 생명조차 조금도 귀한 것으로 여기지 아니하노라(행 20:22-24)."

이 고백을 보면 전도자 바울의 생명은 복음 전파에 초점 맞춰져 있습니다. 사도 바울은 자신의 생명을 어디에 걸어야 하는지 잘 알고 있었습니다.

생명은 가장 값진 것에 던져져야 합니다. 이 세상에서 가장 값진 것, 값진 일은 사람의 생명을 살리는 복음 전파입니다. 교회는 복음 전파에 생명을 걸어야 합니다.

3. 복음 전파는 반드시 열매를 맺습니다.

"복음을 전한다"란 말은 "예수 그리스도의 생명을 전한다"란 말입니다. 로마서 10: 13-15에는 전도와 선교의 5대 요소가 나옵니다. 한 개인이 구원받는 관점에서 보면 "주의 이름을 불러야 하고, 믿어야 하고, 들어야 하고, 전파해야 하고, 보내야 합니다." 전도와 선교를 하는 교회의 관점에서 보면 "보내야 하고, 전파해야 하고, 들어야 하고, 믿어야 하고, 주의 이름을 불러야 합니다." 이 과정 중 어느 하나라도 단절되면 구원의 열매는 맺히지 않습니다.

교회는 구원의 열매가 맺히는 값진 일을 하라고 하나님이 부르신 사람들의 모임입니다. 교회가 전도자를 보내고 복음을 전파할 때, 죽은 영혼을 살리는 생명이 전파되는 놀라운 일이 일어납니다.

당장은 복음 전파의 열매가 맺히지 않을 수 있습니다. 복음을 전파해도 아무런 일이 일어나지 않는 것처럼 보이기도 합니다. 그러나 복음 전파는 절대 헛되지 않습니다. 복음 안에는 영원한 생명이 들어있고, 복음의 시작은 생명의 근원이신 예수님이기 때문입니다.

 생명은 생명을 낳습니다. 생명이 담긴 열매는 또 다른 열매로 시간과 모양을 달리하여 맺힙니다. 시간이 필요하고, 때가 있을 뿐입니다. 복음 전파는 반드시 열매를 맺습니다.

1. 복음을 전하는 데 생명을 건다는 것은 무슨 의미일까요?
2. 우리가 개인적으로, 그리고 교회 공동체가 어떻게 복음을 들려주고 전파하는 일에 기여할 수 있을지, 구체적인 방법들을 함께 논의해 봅시다.

PART/ 03

내 인생의 첫 번째
공동체 세우기

소그룹 인도

사도신경 : 다같이 | 찬송 : 565장(통 300) | 기도 : 회원 중 | 본문 말씀 : 창2:18-25
/ 시127:1-5 | 헌금 찬송 : 찬 430(통 456) | 헌금 기도 : 회원 중 | 주기도문 : 다같이

  하나님께서 직접 만드신 두 기관이 있습니다. 구약의 가정과 신약의
교회가 그것입니다. 가정은 하나님께서 세우신 최초의 기관으로서, 가
장 작은 단위의 공동체 하나님의 창조 섭리가 적용된 최초의 공동체
요, 인생에서 우리가 만나는 중요한 공동체 중 첫 번째 공동체입니다.
  그런데 지금 곳곳에서 가정이 무너지고 있습니다. '가정이 무너진다'
는 것은 하나님의 창조 섭리가 훼손되고, 우리 삶의 중요한 가치인 공
동체성이 우리 삶에서 사라진다는 뜻입니다.
  이런 시대에 우리는 어떻게 가정을 지켜낼 수 있을까요? 무너진 가
정을 회복하고, 가정이 무너지지 않도록 지켜내는 원리를 성경에서

찾아보겠습니다.

1. 돕는 배필의 원리

하나님은 혼자 있는 사람을 보고 "내가 그를 위하여 돕는 배필을 지으리라(창 2:18)"라고 하셨습니다. 영어 성경(NIV)은 '돕는 배필'을 'suitable helper'라는 단어로 표현했습니다. '적합한 협력자'란 뜻입니다. 좋은 가정, 행복한 가정은 돕는 배필의 원리가 적용되는 가정입니다. 그런데 주의해야 할 점은 부부 중 한 사람만 돕는 배필의 원리를 가지고 살아야 한다는 의미가 아닙니다. 서로 돕는 배필로 살아가는 부부가 있는 가정은 절대 무너지지 않습니다.

'돕는 배필'의 반대는 '바라는 배필'입니다. 상대를 내가 바라는 것을 채워주는 대상으로 여길 때, 불행이 시작됩니다. 기대의 좌절이 가정을 서서히 무너뜨립니다.

부부가 상대를 보고 '어떻게 하면 그를 도울 수 있을까?'를 생각하며 살 때, 그들이 있는 가정은 행복한 가정이 됩니다. 돕는 배필의 원리는 행복한 가정이 세워지는 견고한 기초입니다.

2. 서로 다름의 원리

성경은 "사람을 지으신 이가 본래 저희를 남자와 여자로 만드셨다(마 19:4)"라고 말합니다. 이 말은 하나님이 남자와 여자를 다르게 만드셨다는 말이고, 하나님은 남자를 남자답게, 여자를 여자답게 만드셨다는 뜻입니다.

남자가 시각적이라면, 여자는 청각적입니다. 남자가 일(성공) 지향적이라면, 여자는 관계(사람) 지향적입니다. 남자는 정보를 얻기 위해 대화하지만, 여자는 관계를 나누고 싶어서 대화합니다. 남자와 여자는 이렇게 다릅니다.

그러나 이 차이는 차별의 근거가 아닙니다. 남녀의 차이는 각 성이 가진 고유함에 관한 강조이고, 존중입니다. 인간 각자가 지닌 고유한 성은 그를 독특하고 고유한 존재로 만듭니다.

그래서 행복한 가정을 세우기 위해서는 부부가 상대의 성이 지닌 차이를 인정하며 살아야 합니다. 이 차이를 차별이 아니라 존중의 근거로 삼을 수 있어야 합니다. 다른 것은 틀린 것이 아닙니다. 다른 것은 장점이자 고유함입니다. 서로 다음의 원리가 적용될 때, 그 가정은 행복한 가정이 됩니다.

3. 복종과 사랑의 원리

에베소서 5:22-25은 "아내들은 남편에게 복종하고, 남편들은 아내들을 사랑하라"라고 권면합니다. 이 권면은 성을 차별하는 내용이 아닙니다. 성별의 차이에 따른 남녀의 심리를 꿰뚫은 통찰에서 나온 권면입니다.

남자에게는 지배 욕구와 인정 욕구가 있습니다. 성경은 남자의 이런 심리를 통찰하고 아내에게 복종을 권면합니다. 남편에게 굴종하라는 말이 아닙니다. 남자의 무의식적인 욕망을 받아들여 줌으로써 그가 남자란 성을 가진 인간으로 건강하게 자라도록 도우라는 말입니다.

반면 여자에게는 사랑받고 싶은 욕구가 있습니다. 여자는 사랑한다는 고백을 받을 때, 행복을 느낍니다. 성경은 이런 여자의 심리를 통찰하고 남편에게 아내 사랑을 권면합니다. 아내가 사랑받는 존재라는 느낌을 충분히 가지도록 아내를 있는 모습 그대로 수용하고, 아내에게 구체적인 사랑의 표현을 하라는 말입니다.

상대의 성이 원하는 최고의 욕망을 채워줄 때, 가정의 두 기둥인 남편과 아내는 든든하게 세워집니다. 그리고 그 기둥이 지탱하는 가정은 무너지지 않는 행복한 가정이 됩니다.

1. 가정이 무너지는 이유는 무엇일까요?
2. 남자와 여자의 차이를 인정하고, 그 차이를 통해 어떻게 더 행복하고 건강한 가정을 만들 수 있을지 나누어 봅시다.

몸을 떠나라,
다시 한 몸이 되어라

소그룹 인도

사도신경 : 다같이 ㅣ 찬송 : 447장(통 448) ㅣ 기도 : 회원 중 ㅣ 본문 말씀 : 엡 5:22-29, 31-33 ㅣ 헌금 찬송 : 찬 289(통 208) ㅣ 헌금 기도 : 회원 중 ㅣ 주기도문 : 다같이

결혼은 가정을 시작하게 하며, 새로운 공동체를 이 세상에 태어나게 합니다. 결혼은 사회학적으로 보면 남녀가 연애한 결과이자 열매입니다.

그러나 믿음의 눈으로 보면 결혼은 하나님께서 한 남자와 한 여자를 이전의 한 공동체에서 불러내어 새로운 공동체로 이끄신 결과입니다. 결혼에는 창조주 하나님의 섭리가 작동합니다. 결혼에는 단독으로 있는 존재를 공동체로 빚어가시는 하나님의 창조 원리가 들어 있습니다.

1. 부모를 떠나서 홀로 서야 합니다.

결혼의 첫째 원리는 '홀로서기'입니다. 부모로부터의 독립이 결혼의 첫 원리입니다. 이전 공동체에서 떠나 홀로서는 일에서부터 결혼은 시작합니다.

그러나 홀로서기와 독립이 단순한 분가를 말하는 것은 아닙니다. 결혼 전에는 '부모 우선'으로 살았지만, 결혼한 이후부터는 '부부 우선'으로 살아야 한다는 뜻입니다. 이것이 되지 않으면 결혼은 여전히 부모의 그늘 아래서 어린아이로 사는 일에 불과합니다. 어린아이는 결혼하여 가정을 만들지 못합니다. 어린아이가 만드는 가정은 다툼과 혼란이 가득한 불화의 현장일 뿐입니다.

2. 결혼의 두 번째 원리는 '연합'입니다.

'연합하다'란 말은 '접착제로 붙이다'란 뜻이 있습니다. 둘이 딱 들러붙어 하나가 된다는 의미입니다. 그런 의미에서 결혼은 하나님께서 둘을 붙여주신 결과입니다. 부부는 하나님께서 강한 접착제로 붙여주신 사람들입니다. 부부에게는 우리는 하나님께서 붙여주신 사람들이라는 확신이 있어야 합니다. 이 확신이 바탕이 되는 연대 의식이 있을 때, 결혼은 어떠한 변화가 와도 흔들리지 않는 강력한 연합이 됩니다.

3. 결혼의 세 번째 원리는 '한 몸'입니다.

홀로 선 뒤 연합한 한 남자와 한 여자는 이제 한 몸이 되어야 합니다. "한 몸이 된다"라는 말은 상대가 없으면 나의 존재 의미가 사라지는 연합의 경지에까지 이르러야 한다는 말입니다.

몸은 여러 지체로 이루어져 있어 각 부분을 따로 말할 수는 있습니다. 그러나 부분 부분을 떼어내면 몸은 존재하지 못하고 죽습니다. 마찬가지로 결혼은 한 몸이 되는 것입니다. 내가 없으면 네가 없고, 네가 없으면 내가 없는 연합의 상태가 결혼입니다.

이런 연합의 상태에 가려면 육체뿐만 아니라 영혼에 이르기까지 모든 면에서 일치를 이루어야 합니다. 이것은 좁게는 취향이나 성향이 잘 맞는 것을 말하지만, 궁극적으로는 인생을 바라보는 관점인 가치관의 일치를 뜻합니다.

하나님 안에 있으면 다른 점이 많아도 이 일이 가능합니다. 결혼은 하나님 안에서 한 몸이 되는 일입니다.

4. 결혼의 네 번째 원리는 '친밀'입니다.

한 몸은 친밀한 상태로 존재하는 상태를 비유적으로 표현한 것입니다. 친밀함은 각자의 개성을 유지하게 하는 경계는 있으나 상대에 대한 적대감이나 거부가 없는 상태입니다. 친밀함은 상대를 통해 나를 알아가는 기쁨이고, 상대방을 세움으로써 나까지 세워지는 성장의 경험입니다. 친밀함은 결혼에서 우리가 받을 수 있는 최고의 선물 중 하나입니다.

친밀함은 두 사람이 상대를 피상적으로 아는 것을 넘어 상대를 깊이 알아갈 때 생깁니다. 이 알아감에서 중요한 도구는 대화입니다. 두 사람은 대화로 자연스럽게 경계를 넘나듭니다. 약점이나 허물을 들추는 방식이 아니라 그것을 사랑으로 바라보고 덮는 방식으로 대화합니다. 이 대화 속에서 두 사람은 남자는 가장 남자답게, 여자는 가장 여자답게 됩니다. 성숙한 사람으로 익어갑니다. 그러면서 행복한 가정이라는 열매를 맺습니다.

1. 부부가 '떠나야 한다'는 성경적 원리에서, 남편과 아내가 어떻게 부모와의 관계에서 독립할 수 있을까요?
2. 서로의 장점으로 상대의 약점을 덮어주는 것이 왜 중요한지에 대해 이야기하고, 갈등 속에서도 연합을 유지할 수 있는 구체적인 실천 방안을 생각해 봅시다.

부모는 제사장이다, 선지자다, 왕이다.

소그룹 인도

사도신경 : 다같이 | 찬송 : 569장(통 442) | 기도 : 회원 중 | 본문 말씀 : 출20:1-17
| 헌금 찬송 : 찬 380(통 424) | 헌금 기도 : 회원 중 | 주기도문 : 다같이

삶은 관계입니다. 여러 관계가 모여 삶이 됩니다. 삶을 이루는 여러 관계 중에서 중요한 관계 중 하나가 부모와 자녀의 관계입니다. 부모와 자녀 관계는 인간이 이 세상에 태어나면서 타인과 맺는 최초의 관계로서 인생에 매우 큰 영향을 미치는 관계입니다.

인생의 초기에 부모는 자녀의 삶에 결정적인 영향을 미치는 자리에 있습니다. 자녀가 자라면서 부모의 영향력이 차츰 줄어들기는 하지만 부모는 자녀에 비하면 압도적인 힘을 가진 상태에서 자녀와 함께 지냅니다. 그러면서 자녀의 인격 형성과 삶의 기초 습관을 형성에 매우 큰 영향을 미칩니다. 부모의 손에 의해 자녀 삶의 디자인이 달렸다고 해도 좋을 만큼 부모의 역할은 매우 중요합니다.

우리는 어떻게 부모의 역할을 제대로 감당할 수 있을까요? 하나님을 사랑하고 하나님의 계명을 지키면 됩니다. 하나님을 사랑하고, 하나님이 주신 계명을 지키는 부모의 자녀는 천대까지 은혜를 받습니다(출 20:6). 하나님이 주신 땅에서 장수하는 복을 누립니다(20:12). 하나님을 경외하는 부모가 되는 일, 그것이 제대로 된 부모 역할을 하는 것입니다.

1. 하나님을 경외하는 부모는 자녀의 삶에서 제사장의 역할을 감당합니다.

제사장은 하나님과 인간 사이에서 있는 존재입니다. 제사장은 하나님과 인간 사이에서 연약한 인간이 완전하신 하나님께 나가는 일을 돕습니다. 이처럼 하나님을 경외하는 부모는 하나님과 자녀 사이에서 제사장과 같은 역할을 감당합니다. 부모는 자녀들에게 신앙의 본을 보임으로써 자녀들을 하나님과 신앙의 세계로 인도합니다. 자녀가 기도하지 못할 때 자녀를 대신하여 하나님께 기도함으로써 자녀들의 약함을 채웁니다. 날마다 자녀들을 축복함으로써 자녀들의 앞길을 준비하며, 자녀들이 나아가는 삶의 방향으로 같이 걸어갑니다.

2. 하나님을 경외하는 부모는 자녀의 삶에서 선지자의 역할을 감당합니다.

선지자는 사람들에게 하나님의 뜻을 밝히 알려주는 사람입니다. 선지자의 출현으로 하나님의 백성들은 어둠에서 빛으로 나아오는 복을 받아왔습니다. 하나님을 경외하는 부모는 자녀들에게 선지자의 역할을 감당합니다. 자녀는 부모 아래 있으면서 성장 과정을 지납니다. 자녀는 부모의 보호 아래 있으면서 인식이 성장하는 단계를 밟는데, 백지 같은 상태에서 점차 복잡한 사고를 하는 상태까지 자랍니다. 이는 무지, 어리석음, 일차원적인 사고, 이기적인 생각 등 미숙한 인식 체계가 성숙하고 지혜로운 인식 체계로 성장하는 과정입니다. 이 과정에서 부모는 자녀에게 하나님의 계시인 성경을 가르치고, 말씀대로 훈육함으로써 자녀에게 선지자의 역할을 합니다. 부모는 자녀들이 죄의 어둠에서 신앙의 빛으로 나오도록 앞에서 이끌며 양육합니다. 자녀들이 성경에서 하나님을 만나고, 하나님 안에서 앞날의 방향을 찾고 비전을 갖도록 인도합니다. 부모의 선지자적 역할로 자녀는 성숙한 인식 체계를 가지고 생각하는 인간으로 성장하는 복을 받습니다.

3. 하나님을 경외하는 부모는 자녀의 삶에서 왕의 역할을 감당합니다.

우주 최고의 권세인 하나님은 각 영역마다 '왕'으로 상징되는 권위자를 세우시고 그들을 통해 자신의 통치를 실행하십니다. 권위는 하나님으로부터 주어진 것입니다. 정당하고 올바른 권위는 이 세상에 질서를 세우고, 공의와 자비라는 하나님의 통치가 스며들게 합니다.

부모는 가정에서 하나님으로부터 비롯된 이 권위를 대행하는 존재입니다. 부모는 자녀를 양육하는 과정에서 올바른 권위를 사용하여 하나님의 명령을 대행하는 역할을 감당합니다. 부모는 올바른 권위로 자녀를 다스리며, 필요한 경우 책망과 징계를 함으로써 자녀를 바른 길로 인도합니다. 하나님을 경외하는 부모와 함께하는 자녀들은 부모가 대행하는 올바른 권위 안에서 하나님의 공의롭고 자비로운 통치를 경험하며 권위에 순종하는 반듯한 인물로 자라갑니다.

1. 하나님을 경외하는 부모는 자녀에게 어떤 중요한 역할을 해야 할까요?
2. 부모가 자녀를 성경의 가르침으로 다스리고 사랑과 축복의 권위로 지도할 때, 자녀가 어떻게 하나님 나라의 시민으로서 올바른 질서를 배우고 성장할 수 있는지 이야기해 봅시다.

부부 신앙 레시피

사도신경 : 다같이 | 찬송 : 570장(통 453) | 기도 : 회원 중 | 본문 말씀 : 골3:18-25
| 헌금 찬송 : 찬 559(통 305) | 헌금 기도 : 회원 중 | 주기도문 : 다같이

가정은 하나님께서 인간에게 복을 주시기 위해 만드신 공동체입니다. 가정은 행복으로 넘쳐야 하고, 삶의 기쁨과 의미를 주는 바탕이어야 합니다. 이것이 가정을 만드신 하나님의 뜻입니다.

어떻게 하나님이 원하시는 가정이 될 수 있습니까? 부부가 신앙 위에 서면 됩니다. 가정을 이루는 두 기둥인 남편과 아내가 신실한 신앙을 가질 때, 우리 가정은 하나님이 원하시는 가정이 될 수 있습니다. 오늘은 우리 가정을 하나님이 원하시는 가정으로 세워가기 위해 부부가 각자 남편과 아내의 자리에서 어떻게 신앙생활을 해야 하는지를 알아봅니다.

1. 주님께 하듯 말합니다.

여자와 남자는 말하는 성향과 말법이 다릅니다. 여자들은 보통 말을 많이 하고, 남자들은 말을 많이 하지 않습니다. 여자들은 심리적으로 강한 영향이나 자극을 받을 때 말하고 싶은 충동을 느낍니다. 감정을 발산함으로써 안전감을 느끼며 위로받는 것입니다. 또 말로 사랑과 미움을 잘 표현합니다. 하지만 남자는 어려운 상황을 만나면 오히려 침묵합니다. 말로 감정을 표현하는 일을 어색해하고, 그것이 매우 어렵습니다. 남자들은 말로 감정을 표현하는 일을 남자답지 못하다고 여깁니다.

남녀의 이런 차이는 부부 갈등의 주된 원인이 됩니다. 행복을 누리려고 결혼했으나 결혼 생활은 늘 순탄하지 않습니다. 자주 남편과 아내가 힘을 모아 풀어가야 할 일들이 일어납니다. 그때 남편과 아내는 자기의 성향과 말법으로 이 일들에 직면합니다. 아내는 말로 감정과 자기 생각을 표현하면서 문제를 해결하려 합니다. 반면 남자는 최대한 생각과 감정을 억제한 상태에서 자기 능력으로 문제를 해결하려 합니다. 이것이 반대의 성을 가진 배우자에게는 쓸데없는 일이나 회피처럼 보입니다. 그리고 이것은 부부 사이를 벌리는 큰 원인 중 하나가 됩니다.

이 차이를 인식하고, 주님께 하듯 말하십시오. 자기의 성향을 삼가고, 주님께 아뢰듯 말하십시오. 이런 말하기가 가정에 행복을 가져옵니다.

2. 주님께 하듯 행동합니다.

결혼은 둘이 한 몸을 이루어 존재하는 것입니다. 한 몸을 이루기 위해서는 어느 한쪽이 다른 쪽에 종속되거나 어느 한쪽이 일방적으로 행동해서는 안 됩니다. 서로 섬겨야 합니다.

성경은 이 결혼의 원리를 그리스도와 교회의 관계로 설명합니다. 그리스도는 신랑이자 남편으로서 신부이자 아내인 교회를 사랑함으로써 섬깁니다. 이처럼 남편은 그리스도께서 교회를 위해 목숨을 내어놓으셨던 것처럼 아내를 전심으로 사랑해야 합니다. 한편 교회는 신부이자 아내로서 신랑이자 남편인 그리스도께 복종합니다. 이 복종은 굴종이 아니라 목숨을 건 사랑을 준 상대에 대한 자발적인 섬김입니다. 이처럼 아내는 교회가 그리스도께 복종하듯이 남편에게 복종해야 합니다.

각자 자기의 위치에서 아내는 남편에게 주님께 하듯이 하고, 남편은 아내에게 주님께 하듯 할 때, 그들이 꾸려가는 가정은 주님이 섬기시는 곳인 천국처럼 됩니다. 거기엔 행복과 기쁨, 삶의 의미가 넘칩니다.

3. 상대를 주님을 섬기듯이 합니다.

위의 두 가지 행동(주께 하듯 말하고, 주께 하듯 행동하라)이 의미하는 것은 무슨 일을 하든지 주님을 섬기듯이 하라는 것입니다. 상대 안에는 하나님의 형상이 있습니다. 내 앞에 있는 배우자는 지금 그 사람의 모습으로 오시는 하나님이십니다.

상대를 나보다 위의 권세라고 여길 때, 우린 상대를 공경하여 자연스레 예의 바른 모습을 갖추게 됩니다. 말 하나, 행동 하나를 세심하게 다룹니다. 나보다 위의 권세이신 주님을 섬기듯이 아내는 남편을, 남편은 아내를 섬겨보십시오. 상대를 공경하면 상대 역시 공경으로 화답합니다. 서로 상대를 존중하면 격이 있으면서도 따뜻한 사귐을 하게 됩니다. 이 사귐이 우리 가정을 하나님이 원하시는 가정으로 세워갑니다.

1. 부부가 서로의 말을 주님께 하듯 해야 하는 이유는 무엇일까요?
2. 부부가 함께 하나님을 바라보며, 하나님께서 보여주신 사랑으로 서로를 섬기는 삶을 통해 가정을 평화와 행복의 장소로 만드는 방법에 관해 이야기해 봅시다.

당신은 어떤 밭입니까?

소그룹 인도

사도신경 : 다같이 | 찬송 : 200장(통 235) | 기도 : 회원 중 | 본문 말씀 : 마13:1-9
| 헌금 찬송 : 찬 445(통 502) | 헌금 기도 : 회원 중 | 주기도문 : 다같이

하와이는 생강이 자라기 좋은 환경을 갖추고 있어 많은 양의 생강이 생산됩니다. 전 세계 생강 생산량의 1/3을 차지할 정도입니다. 어떤 사람이 하와이에서 생강을 가져다가 우리나라에 심었습니다. 그러나 우리나라에서는 크게 자라지 않았고, 많은 양을 생산하지 못했습니다. 하와이와 우리나라의 토양이 달랐기 때문입니다. 같은 생강이라도 어디에 심느냐에 따라 생산량이 크게 달라집니다.

예수님은 이런 자연의 이치를 비유로 들어 진리를 가르치셨습니다. 예수님께서 씨 뿌리는 자의 비유를 통하여 말하시는 것은 무엇일까요?

1. 씨는 하나님의 말씀입니다.

예수님께서는 하나님의 말씀을 씨에 비유하셨습니다. 첫째, 씨에는 생명이 있듯이 하나님의 말씀에는 생명이 있습니다. 씨는 생명을 품고 있기에 땅에 뿌려지면 자랍니다. 이처럼 하나님의 말씀에는 생명이 있고, 살아 있습니다(벧전 1:23). 그러기에 살아 있는 하나님의 말씀이 우리에게 뿌려지면 자라게 됩니다.

둘째, 씨에는 능력이 있듯이 하나님의 말씀은 능력이 있습니다. 작은 씨가 흙을 뚫고 싹을 틔웁니다. 이처럼 하나님의 말씀은 살아 있고, 운동력이 있어 좌우에 날 선 검보다도 예리하여 사람의 혼과 영과 관절과 골수를 찔러 쪼개기까지 하며, 또 마음의 생각과 뜻을 감찰합니다(히 4:12).

셋째, 씨가 열매를 맺듯이 하나님의 말씀도 열매를 맺습니다. 한 알로 출발한 씨는 열매를 맺어 많은 씨가 됩니다. 이처럼 사람의 마음에 들어온 하나님의 말씀은 싹이 나고 자라서 많은 열매를 맺습니다. 하나님의 말씀은 우리가 예수님을 닮아가도록 하며, 우리의 사역은 풍성한 열매를 맺습니다(롬 1:13, 15:27; 골 1:10).

2. 씨 뿌리는 사람은 말씀을 전파하는 사람입니다.

씨는 하나님의 말씀이고, 씨를 뿌리는 사람은 말씀을 전파하는 사람입니다. 예수님은 하나님의 말씀을 전파하는 분이셨습니다. 예수님은 열두 제자를 부르셔서 그들에게 하나님의 말씀을 전파하며 가르치셨습니다. 이 일은 예수님이 승천하신 뒤, 예수님의 제자들에게 위임되었습니다. 그리고 말씀 전파의 사명은 지금까지 모든 그리스도인에게 이어지고 있습니다. 하나님의 말씀을 전파하는 사람은 모두 씨를 뿌리는 사람입니다.

말씀의 씨를 뿌리는 사람은 오직 하나님의 말씀만을 전해야 합니다. 하나님의 말씀에 인간의 철학이나 이론, 전통을 섞어 뿌려서는 안 됩니다(레 19:19 참조). 또 풍성한 수확을 기다린다면 반드시 눈물로 씨를 뿌려야 합니다. 눈물은 아프지만 눈물로 씨를 뿌리며 인내하는 사람은 많은 열매를 맺습니다(시 126:5-6).

3. 밭은 사람의 마음입니다.

이 비유의 강조점은 '밭'에 있습니다. 밭이 씨의 운명을 결정합니다. 예수님은 하나님의 말씀에 어떠한 반응을 보이느냐에 따라 이 세상에 네 종류의 마음이 있다고 설명하십니다.

첫째, 길가처럼 강한 마음입니다. 이 마음을 가진 사람은 하나님의 말씀을 듣기는 하지만 이해하지 못합니다. 새(악한 자, 마귀)가 와서 말씀의 씨를 **빼앗아** 가기 때문입니다.

둘째, 돌밭처럼 척박한 마음입니다. 이 마음을 가진 사람은 하나님의 말씀을 듣기는 하지만 말씀을 깊이 받아들이지 못하여 뿌리를 내리지 못합니다. 이 사람은 말씀 때문에 환난이나 핍박이 오면 곧 넘어집니다.

셋째, 가시떨기처럼 혼잡한 마음입니다. 이 마음을 가진 사람은 말씀을 듣기는 하지만 세상의 염려와 재물의 유혹에 말씀이 막혀 결실하지 못합니다.

넷째, 좋은 땅처럼 열매 맺는 마음입니다. 이 마음을 가진 사람은 귀를 기울여 말씀을 경청하고, 받아들여 이해하며, 굳게 붙듭니다. 말씀을 듣고 깨달음으로 백 배, 육십 배, 삼십 배의 열매를 맺습니다.

열매의 있고 없음은 씨에 달린 것이 아니라 밭의 종류에 달렸습니다. 밭은 얼마든지 변화될 수 있습니다. 밭에 거름을 주어 토양의 힘을 기르고, 그 밭에 씨를 뿌리면 많은 열매가 맺힙니다. 꾸준한 경건 생활로 마음을 경작하고, 말씀의 씨를 뿌리면 많은 열매를 맺을 수 있습니다.

1. 예수님이 말씀하신 씨와 씨 뿌리는 자는 무엇을 의미하나요?
2. 예수님이 말씀하신 네 종류의 밭이 사람들의 마음을 어떻게 상징하는지, 그리고 우리 마음을 좋은 밭으로 만들기 위해 어떻게 준비해야 하는지 나누어 봅시다.

진짜 부자

소그룹 인도

사도신경 : 다같이 | 찬송 : 245장(통 228) | 기도 : 회원 중 | 본문 말씀 : 눅16:19-31
| 헌금 찬송 : 찬 370(통 455) | 헌금 기도 : 회원 중 | 주기도문 : 다같이

본문은 부자와 거지의 이야기로서 완전히 다른 삶을 살았던 두 사람에 관한 이야기입니다. 이 비유에서 두 사람의 삶은 뚜렷하게 대조됩니다. 빛과 그림자처럼 완전히 대조되는 두 사람의 삶은 우리가 어떤 삶의 길을 걸어야 할지를 분명하게 제시합니다. 예수님은 완전히 다른 두 사람의 이야기를 들어 바리새인들의 탐심과 불신앙을 경고하십니다. 그러면서 진정 가치 있는 삶이 어떠한 삶인지를 말씀하십니다.

1. 내 삶이 내 것이라고 아는 삶은 위태롭습니다.

한 부자는 날마다 값비싼 옷을 입고 호화로운 잔치를 열었습니다.

그의 삶을 가장 잘 묘사하고 있는 말은 '호화로이(19절)'라는 단어입니다. 반면 나사로라는 이름을 가진 한 거지는 날마다 부자의 대문에 '누워' 구걸하는 삶을 살았습니다.

내 삶의 주인은 내가 아니라 하나님이시고, 내 소유는 내 것이 아니라 하나님의 것입니다. 우리는 주인이 아니라 '맡은 사람'입니다. 내 삶과 내 소유는 주인의 뜻대로 쓰여야 합니다. 내 주인의 뜻은 내가 맡은 주인의 소유를 '사랑하는 일'에 쓰는 것입니다.

나사로에 비하면 부자는 많은 것을 가진 사람이었습니다. 그는 많은 재산과 명성을 가지고 있었을 것입니다. 그러나 부자는 자신이 '맡은 사람'이라는 사실을 알지 못했습니다. 부자는 자기의 삶과 소유가 하나님의 소유라는 사실을 알지 못했습니다. 그래서 그는 한 번도 나사로를 돌보지 않았습니다. 그의 많은 소유는 오직 자신의 안락과 안전, 쾌락 추구를 위해 쓰였을 뿐입니다. 그의 호화로운 삶은 호화로운 만큼 위태로웠습니다.

2. 죽음은 새로운 시작입니다.

부자도 죽었고, 거지 나사로도 죽었습니다. 두 사람 모두 죽음이라는 마침표를 찍는 것으로써 이 세상에서의 삶을 끝냈습니다.

하지만 죽음은 끝이 아니었습니다. 새로운 세상에서의 시작이었는데, 두 사람의 시작은 전혀 달랐습니다.

부자의 죽음과 장례식은 호화스러웠을 것입니다. 당시 장례 풍습대로 그의 장례식에는 애곡하는 직업을 가진 사람이 동원되었을 것이고, 그의 시신에는 값비싼 향료도 뿌려졌을 것입니다. 그러나 이 세상에서 자기밖에 모르는 위태로운 삶을 살았던 부자는 죽어서 음부에 갔습니다.

반면 거지 나사로의 죽음은 살았을 때만큼 초라했을 것입니다. 그는 혼자 쓸쓸하게 죽어 무덤도 없는 채로 방치되었을 것입니다. 그러나 그는 죽어 천사들에게 받들려 아브라함의 품에 들어갔습니다.

죽음은 끝이 아닙니다. 죽음은 새로운 시작입니다. 이 세상에서 어떤 삶을 살았느냐에 따라 새로운 세상에서 어떤 시작을 할지가 결정됩니다. 하나님이 주인인 삶을 살았던 사람은 아브라함의 품으로 상징되는 곳에서 새로운 시작을 합니다. 그러나 내가 주인인 삶을 살았던 사람은 음부에서 새로운 시작을 합니다.

3. 진짜 부자, 곧 내 소유가 하나님의 소유임을 아는 사람에게 내세는 하나님께 순종하는 지금입니다.

새로운 세상에서 나사로는 아브라함의 품에 안겨 위로를 받는 삶을 시작했습니다. 반면 부자는 새로운 세상에서 불꽃 가운데서 괴로워하는 삶을 시작했습니다. 새로운 세상에서 부자는 손가락 끝의 물 한 방울로라도 혀를 서늘하게 하기를 바랄 만큼 고통받았습니다.

고통받으며 부자는 아브라함에게 2가지(물 몇 방울과 살아있는 형제에게 음부의 경고)를 부탁합니다. 그러나 이 요청은 모두 거절됩니다.

현세와 내세는 오갈 수 없도록 분리된 세계였기 때문입니다.

죽음을 경계로 현세와 내세가 있습니다. 현세가 끝이 아닙니다. 내세는 분명 존재합니다.

현세에 어떤 삶을 살았는지가 내세의 삶을 결정합니다. 현세의 삶이 가진 내용이 내세의 삶을 어떤 모양으로 시작할지를 결정하는 근거가 됩니다. 내세에 위로가 있는 삶을 시작할 것인가, 아니면 고통이 있는 삶을 시작할 것인가는 현세를 어떻게 보내느냐에 달려 있습니다.

진짜 부자는 지금 이 곳에서 주인이신 하나님의 뜻을 따름으로써 내세를 준비하는 사람입니다. 내 삶이 하나님의 소유임을 아는 진짜 부자에게 내세는 하나님의 뜻에 순종하는 지금이기도 합니다.

 1. 부자와 나사로의 삶은 어떻게 대조되고 있나요?
2. 부자의 두 가지 요청을 통해 우리가 이 땅에서 준비해야 할 중요한 것들이 무엇인지 함께 나누어 봅시다.

네, 공평하신 주인님!

소그룹 인도

사도신경 : 다같이 | 찬송 : 321장(통 351) | 기도 : 회원 중 | 본문 말씀 : 마19:27-20:16
| 헌금 찬송 : 찬 542(통 340) | 헌금 기도 : 회원 중 | 주기도문 : 다같이

'포도원 품꾼의 비유'는 우리의 통념과 상식에서 벗어납니다. 우리의 상식은 시간과 일에 비례하여 품삯을 주는 것입니다. 그런데 본문 속 포도원에서 일한 품꾼들은 몇 시간 일을 하였든지 모두 똑같은 품삯을 받았습니다. 포도원은 천국을 가리키고, 주인은 하나님을, 품꾼들은 천국 백성을 가리킵니다. 예수님은 파격적인 비유를 들어 천국 백성이 어떻게 살아야 하는지를 말씀하십니다.

1. 하나님을 신뢰해야 합니다.

포도원의 주인은 하루 한 데나리온을 주기로 약속하며 이른 아침 장터에 나가 품꾼을 포도원에 들여보냈습니다. 주인은 제 삼시, 제 육시, 제 구시, 제 십일시에도 장터에 나가 품꾼들을 포도원에 들여보냅니다.

이른 아침에 포도원에 들어간 품꾼들은 하루에 한 데나리온의 품삯을 약속받고 포도원에 들어갔습니다. 그러나 도중에 고용된 품꾼들은 계약 없이 "상당하게 주겠다(4절)"라는 주인의 말만 듣고 포도원에 들어갑니다(마 20:4). 계약에 근거하여 일하지 않고, 주인의 인격을 믿고 일한 것입니다.

일과가 끝나자 주인은 품꾼이 들어온 순서를 거꾸로 하여 품삯을 줍니다. 맨 나중에 들어온 품꾼이나 먼저 들어온 품꾼 모두 한 데나리온씩을 받았습니다. 먼저 들어온 품꾼들이 원망했으나, 주인은 약속대로 정확한 품삯을 주었으므로 원망할 이유가 없다고 이야기합니다.

이 비유가 말하는 것은 하나님을 신뢰하라는 것입니다. 하나님은 선하십니다. 하나님은 공평하십니다. 그러므로 하나님의 일을 할 때, 우리는 하나님과 거래해서는 안 됩니다. 하나님의 공정함을 믿고, 품삯은 하나님께 맡겨야 합니다. 우리가 해야 할 가장 중요한 일은 공정한 품삯을 약속하신 하나님을 신뢰하는 일입니다.

2. 비교하지 말고 내가 받은 일, 내가 맡은 일을 해야 합니다.

날이 저물었을 때 포도원 주인은 청지기에게 품꾼들에게 품삯을 주라고 합니다. 청지기는 나중에 온 품꾼으로부터 시작하여 가장 먼저 온 품꾼까지 한 데나리온의 품삯을 주었습니다. 주인이 약속한 대로였습니다.

그러자 먼저 온 사람들이 나중에 온 사람들이 받은 품삯을 보고 주인을 원망하기 시작했습니다. 일한 시간의 차이가 반영되지 않았다는 항의였습니다. 하지만 주인은 그들의 항의를 받지 않습니다. 주인은 말합니다. "나는 선하다. 내 것을 가지고 내 뜻대로 할 것이 아니냐?"

이 비유가 말하는 것은 하나님의 일을 할 때 중요한 것은 "얼마나 일했느냐?"가 아니라 "어떻게 일했느냐?"라는 것입니다. 일의 분량보다 일하는 자세가 더 중요합니다. 선하신 하나님은 당신의 때에 당신의 일꾼을 불러 당신의 일을 하게 하십니다. 이 과정에서 선하지 않은 것, 공평하지 않은 것은 없습니다. 하나님의 뜻은 정확하고 공정합니다. 따라서 남과 비교하지 말고 맡은 일에 최선을 다 해야 합니다. 내가 받은 일, 내가 맡은 일에는 하나님의 뜻이 반영되어 있습니다. 우리가 할 일은 비교가 아니라 하나님을 신뢰하며 행하는 성실한 봉사입니다.

3. 우월감을 버려야 합니다.

먼저 온 사람들은 자신들이 더 받을 줄 알고 있었기 때문에 뒤늦게 온 사람보다 우월감을 가지고 있었습니다(마 20:10). 그들은 자신들이 더 많이 일했고, 더 수고했으며, 더 인내했다고 생각했습니다. 그들은 나중에 온 사람들보다 자신들을 더 낫게 여겼습니다. 이것은 나중에 원망으로 이어졌고, 주인은 그들을 책망했습니다.

이 비유의 처음(마 19:30)과 마지막(마 20:16)은 "먼저 된 자가 나중 되고, 나중 된 자로서 먼저 될 자가 많겠다"라는 예수님의 말씀으로 끝납니다. 봉사의 목표는 단순히 일을 한다는 개념보다 하나님의 마음을 가진 사람으로 성장하는 것에 있습니다. 덧붙이자면 하나님을 위해 일하는 것 자체가 복임을 아는 사람, 받는 것보다 주는 것이 더 복 있다는 것을 아는 사람으로 성장하는 일이 하나님의 뜻입니다. 기독교 신앙은 남보다 나은 사람이 아니라 남을 섬기는 사람이 되는 것입니다.

그런데 우월감이 있는 사람들은 하나님의 뜻대로 봉사하지 못합니다. 우월감이 있는 사람은 많이 일하지만 성장하지 않습니다. 많이 봉사할수록 원망만 늘어납니다.

봉사함으로써 남보다 돋보이려 하지 말아야 합니다. 우월감을 버려야 합니다. 참된 일꾼은 우월감을 버림으로써 자기가 하는 모든 일이 봉사가 되게 합니다.

1. 왜 하나님과 거래하는 마음으로 일해서는 안 될까요?
2. 먼저 온 품꾼들이 가졌던 우월감이 잘못된 자세였던 이유를 살펴보고, 우리도 봉사할 때 어떻게 겸손한 마음을 가질 수 있을지 생각해 봅시다.

바로 지금,
좋은 끝을 준비하라

소그룹 인도

사도신경 : 다같이 | 찬송 : 496장(통 260) | 기도 : 회원 중 | 본문 말씀 : 마13:24-30
| 헌금 찬송 : 찬 542(통 340) | 헌금 기도 : 회원 중 | 주기도문 : 다같이

예수님께서는 비유로 "천국은 좋은 씨를 밭에 뿌리는 사람과 같다"
라고 하셨습니다. 좋은 씨를 뿌리는 사람은 인자이신 예수 그리스도
를, 밭은 세상을, 좋은 씨는 천국의 아들들을, 가라지는 악한 자의 아
들들을 가리킵니다. 가라지를 심은 원수는 마귀요, 추수 때는 세상 끝
날이며, 추수꾼은 천사들입니다. 추수 때까지는 곡식과 가라지가 함
께 자랍니다. 그러나 곡식과 가라지를 구별하는 하나님의 심판은 반
드시 오고야 말 것입니다. 이 비유에서 우리는 하나님의 심판에 대한
가르침을 배웁니다.

1. 반드시 심판이 있습니다.

주인은 자기 밭에 좋은 씨를 뿌렸습니다. 그런데 사람들이 잘 때 원수가 와서 곡식 가운데 가라지를 덧뿌리고 갔습니다. 곡식과 가라지는 추수 때까지 함께 자랍니다. 그러나 주인이 원하는 것은 곡식입니다. 반드시 주인이 곡식과 가라지를 구분하여 곡식만 거두는 때가 옵니다.

인자이신 예수 그리스도께서는 세상에 좋은 씨를 뿌리고 계십니다. 원수 마귀도 역시 세상에 자기의 악한 씨를 뿌리고 있습니다. 그래서 이 세상에는 지금 두 종류의 씨가 같이 자라고 있습니다.

하지만 하나님이 원하시는 것은 예수님이 뿌리신 좋은 씨입니다. 공의로우신 주님께서 반드시 좋은 씨와 악한 씨를 구분하시는 날이 오게 될 것입니다. 심판은 반드시 있습니다.

2. 하나님의 오래 참으심이 심판을 늦추고 있습니다.

싹이 나고 결실할 때 보니 주인의 밭에 가라지도 보였습니다. 이것을 본 종들은 밭에서 원수가 뿌리고 간 가라지를 뽑아내려 합니다. 그러나 주인은 추수 때까지 가라지를 가만두라고 합니다. 가라지를 뽑다가 곡식까지 뽑을 수 있기 때문입니다.

이 세상에도 곡식과 가라지가 같이 자라고 있습니다. 의인이 고난을 받고, 악인이 형통합니다. 악인이 더 기세가 등등하여 악인이 의인을 핍박합니다. 그래서 우리는 당장 가라지를 구별하여 뽑아버리기를 원하고, 하나님의 공의로운 심판이 즉시 일어나기를 바랍니다. 그런데 하나님이 침묵하실 때가 많습니다.

왜 이런 일이 일어날까요? 하나님의 오래 참으심이 가라지의 심판을 늦추고 있기 때문입니다. 하나님은 아무도 멸망치 않고, 다 회개에 이르기를 바라시며 오래 참고 계십니다(벧후 3:9). 하나님은 한 영혼이라도 더 구원하기를 바라십니다. 하나님은 가라지가 곡식이 되기를 원하십니다. 하나님의 이 사랑 때문에 심판이 늦춰지고 있습니다. 지금은 은혜의 때입니다. 죄인도 회개하면 의인이 됩니다. 지금은 하나님이 악한 자의 아들들이 천국의 아들들이 되도록 주신 기회입니다.

3. 하나님이 거두는 사람이 되십시오.

드디어 추수 때가 되었습니다. 주인의 인내는 이제 끝났습니다. 주인은 추수 때가 되자 추수꾼에게 가라지를 먼저 거두어 불사르게 단으로 묶고, 곡식을 모아 곳간에 넣으라고 명령하였습니다. 싹이 나고 결실할 때까지는 곡식과 가라지가 함께 자랐지만, 추수 때가 되자 곡식과 가라지는 구별되어 전혀 다른 운명이 되었습니다.

하나님의 심판은 분노로 가득 차서 죄인을 벌하시는 게 아닙니다. 하나님께서 우주의 질서를 유지하고, 이 세상의 균형을 바로잡는 공의를 실현하시는 방법입니다. 주님께서 가라지, 곧 악한 자의 아들들을 거두어 풀무 불에 던져 넣는 이유는 그들이 불법을 행하는 자들이기 때문입니다(마 13:41, 마 7:21-23 참조). 공의로우신 주님께서

는 세상 끝 날에 알곡과 가라지를 나누는 심판을 하실 것입니다. 주님
께서는 천사들을 보내셔서 가라지, 즉 악한 자의 아들들을 거두어 풀
무 불에 던져 넣을 것입니다. 그들은 그곳에서 이를 갈며 슬피 울 것
입니다(마 13:42). 또 하나님은 악한 자, 곧 마귀도 풀무 불에 던져
넣으실 것입니다. 참소자, 파괴자, 이간질하는 자 마귀(마 16:23 참
조)는 많은 사람을 넘어지게 했기 때문입니다(마 13:41).

반면 알곡, 곧 천국의 아들들, 의인들은 아버지의 나라에서 해와 같
이 빛나게 될 것입니다(마 13:30, 38, 43). 심판은 의인에게는 두려
운 일이 아닙니다. 의인에게 심판은 인내로써 의로운 삶을 살았던 것
에 대한 마땅한 보상입니다.

1. 하나님의 심판은 어떤 방식으로 이루어진다고 생각하십니까?
2. 악인이 형통하고 의인이 고난받는 상황에서 그리스도인으로서 가져야
   할 바른 태도에 대해 생각해 봅시다.

PART/ 04

기대 없이, 희생하여,
진짜 기쁨 속으로

소그룹 인도

사도신경 : 다같이 | 찬송 : 212장(통 347) | 기도 : 회원 중 | 본문 말씀 : 마20:20-28
| 헌금 찬송 : 찬 220(통 278) | 헌금 기도 : 회원 중 | 주기도문 : 다같이

예수님이 이 땅에 오신 목적은 섬김을 받기 위해서가 아니라 섬기시기 위해서였습니다. 예수님은 섬김받기를 원하는 인간의 욕망과는 반대로 우리에게 섬김의 삶을 참된 삶으로 제시하셨습니다. 섬김이란 삶의 가치 를 실천을 통해 '내가 예수님의 제자'라는 것을 표시하는 것입니다. 그러기에 오늘 섬김에 관한 예수님의 가르침을 통해 하나님의 기쁨이 되길 원합니다.

1. 섬김은 지배욕을 버리는 일에서부터 시작합니다.

야고보와 요한의 어머니가 예수님을 찾아옵니다. 그리고 "나의 이

두 아들을 주의 나라에서 하나는 주의 우편에, 하나는 주의 좌편에 앉게 명하소서(마 20:21)"라고 부탁합니다. 이 어머니의 부탁에는 자녀를 사랑하는 마음도 들어가 있겠지만, 인간이라면 누구나 가지고 있는 지배하고 싶은 욕구도 들어있습니다.

타락한 인간의 본성은 큰 사람이 되고, 으뜸이 되는 것입니다. 죄인은 타인을 자기 뜻대로 다스리는 데서 오는 우월감을 추구하고, 우월감을 행복이라고 여깁니다. 세상은 지배욕을 추구하는 사람들로 가득합니다.

그러나 이는 하나님 나라의 가치가 아닙니다. 예수님은 누구든지 크고자 하는 자는 섬기는 자가 되고, 으뜸이 되고자 하는 자는 다른 사람의 종이 되어야 한다고 말씀하십니다. 하나님 나라의 가치이자 내가 예수님의 제자라는 사실이 증명되는 섬김은 지배욕을 버리는 일에서부터 시작됩니다.

2. 희생 없이 섬길 수 없습니다.

'섬김'을 영어로 '서비스(Service)'라고 합니다. '섬김'은 주인을 위한 종의 모든 행위를 말합니다. 또 상급을 기대하지 않거나 상급이 없는 행위, 보상을 바라지 않는 희생정신을 뜻하기도 합니다. 누가복음 17:7-10을 보면 종일 밭을 갈고 양을 치고 돌아온 종이 있었습니다. 종은 배가 고팠지만 자기가 먹기 전에 먼저 주인의 식사를 준비했습니다. 그러나 종의 행동은 특별한 보상을 받지 않았습니다. 섬김은 종의 의무였기 때문입니다.

이 세상을 섬기러 오신 예수님은 종으로서 희생의 본을 보이셨습니다. 선생님이지만 먼저 제자들의 발을 씻기셨고(요 13:5), 자기 목숨을 많은 사람의 대속물로 내어주셨습니다(마 20:28). 기독교 신앙은 예수님이 보여주신 섬김의 본을 따르는 일입니다.

예수님이 보이신 섬김의 본을 따르는 일 중의 하나가 직분을 맡아 섬기는 일입니다. 교회 안의 다양한 직분은 섬김을 실제로 배우고, 실천하기 위해 우리에게 주어지는 것입니다(엡 4:11-12). 직분의 제정 목적은 봉사의 일을 하게 하며, 성도를 섬기기 위한 것입니다.

섬김은 말로 하는 게 아닙니다. 섬김은 나를 던지는 희생으로 하는 것입니다. 종의 자세로 희생할 때, 많은 사람을 살리는 섬김을 할 수 있습니다.

3. 참된 섬김에서 진짜 기쁨이 나옵니다.

지배욕을 추구하고, 우월감이 행복이라고 착각하는 죄인에게 기쁨은 섬김을 받을 때 느끼는 짜릿한 감정입니다. 그러나 이 기쁨은 영원하지 않은 기쁨입니다. 삶의 조건과 형편이 달라져 나와 너의 위치가 바뀌면 분노로 변하거나 사라지고 마는 가짜입니다.

예수님은 자기 몸을 십자가에 내어주심으로써 우리를 섬기셨습니다. 섬김의 본이신 예수님은 십자가에서 우리를 위해 자기의 생명을 쏟으셨습니다. 희생으로 우리를 섬기셨습니다. 어떤 보상을 기대하지 않고, 우리의 종이 되셨습니다.

그러자 하나님은 가장 낮은 자리까지 내려간 예수님을 높이셨습니다. 예수님의 희생이 들어간 섬김으로 죽을 수밖에 없는 우리를 구원하셨고, 종이었던 예수님을 모든 권세가 무릎을 꿇은 으뜸이 되게 하셨습니다(빌 2:5-11).

이런 일이 일어날 것을 알고 계셨던 예수님이 마지막으로 남긴 말이 "다 이루었다!(요 19:3)"입니다. 예수님은 죽는 순간에 자기 삶을 조금도 후회하시지 않고, 자기 삶을 온전히 기뻐하셨습니다. 이 기쁨은 예수님을 십자가에 못 박은 그 누구도, 심지어 죽음조차도 빼앗을 수 없는 진짜 기쁨이었습니다. 그리고 이 기쁨은 구원받은 우리의 기쁨이 되었습니다.

참된 섬김에서 진짜 기쁨이 나옵니다. 이 기쁨은 나만 누리지 않고, 내가 섬겨서 살려낸 너와 나눌 수 있는 무엇입니다. 이 기쁨은 영원합니다. 하늘에서부터 내려와서 나와 너 사이에 있게 된 하나님의 선물이기 때문입니다.

1. 욕심은 섬김을 방해한다고 하셨습니다. 우리는 어떻게 우리의 욕심을 버리고 진정한 섬김을 실천할 수 있을까요?
2. 예수님의 섬김과 희생을 본받아, 우리도 구체적으로 어떤 희생을 감수할 수 있을지 나눠 봅시다.

나는 예배자입니다.

─ 소그룹 인도 ─

사도신경 : 다같이 | 찬송 : 35장(통 347) | 기도 : 회원 중 | 본문 말씀 : 요4:19-26
| 헌금 찬송 : 찬 406(통 464) | 헌금 기도 : 회원 중 | 주기도문 : 다같이

이사야 43:21은 인간의 창조 목적을 분명하게 선언합니다. "이 백성은 내가 나를 위하여 지었나니 나를 찬송하게 하려 함이니라!" 이 말씀은 왜 신앙생활의 중심에 예배가 있는지를 잘 설명합니다. 예배는 기독교 신앙의 핵심입니다. 예배는 성도가 해야 할 가장 중요한 일입니다. 예배할 때, 성도는 자기가 이 세상에 존재하는 목적을 다 이룹니다. 자, 우리는 어떻게 예배해야 합니까?

1. 예배는 최고의 경외심을 표현하는 것입니다.

'예배'는 영어로 '워십(worship)'이라는 말로 '최고의 가치를 돌려 드리다, 최고의 경외를 표하다'라는 뜻입니다. 피조물이 창조주이신 하나님께 창조주가 받아 마땅한 경외감을 표현하는 것, 그것이 예배입니다.

하나님께 최고의 경외감을 표현하려면 피조물인 나의 존재 전부가 하나님께 드려져야 합니다. 로마서 12:1은 "그러므로 형제들아 내가 하나님의 모든 자비하심으로 너희를 권하노니 너희 몸을 하나님이 기뻐하시는 거룩한 산 제물로 드리라. 이는 너희가 드릴 영적 예배니라"라고 권고합니다. 예배는 내 일부가 드려지는 정신활동이나 종교활동이 아닙니다. 피조물인 나의 전부를 하나님께 드려 창조주 하나님을 경외하는 일입니다.

2. 하나님은 우리를 예배자로 부르셨습니다.

기독교 신앙은 하나님을 예배하는 삶입니다. 하나님께서 우리를 성도로 부르심은 예배자로 부르심입니다. 삶의 모든 순간에 하나님을 경외하는 일이 성도의 본분입니다.

그래서 역사 내내 하나님이 선택하여 부르시고 믿음을 주신 사람들은 모두 예배하는 사람들이었습니다. 그들 삶의 중심엔 언제나 예배가 있었습니다. 그들의 삶은 하나님을 경외한다는 표현이었습니다. 아브라함, 이삭, 야곱을 비롯하여 성경에 나오는 모든 믿음의 사람들은 예배자의 삶을 살았습니다. 그들은 예배하는 가운데 하나님의 임재를 경험하였고, 하나님이 주시는 복을 받았습니다. 그들은 예배자로 살며 창조 목적을 다 이루는 풍성한 삶을 살았습니다.

3. 성도는 영과 진리로 하나님을 예배합니다.

예수님은 성도를 '아버지께 참되게 예배하는 자들'이라고 표현하셨습니다(23절). 기독교 예배의 대상은 우리를 자녀 삼으신 '아버지 하나님'입니다. 예배는 자녀의 자격으로 아버지 앞에 나가는 일입니다.

아버지 앞에 나가는 우리가 기억해야 할 것은 아버지는 영과 진리로 예배하는 사람들을 찾으신다는 사실입니다. '영으로 드리는 예배'는 내가 하나님을 아버지라고 부를 수 있게 하신 성령님 안에서 드리는 예배, 성령님이 이끄시고 주도하시는 예배를 뜻합니다. '진리로 드리는 예배'는 말씀 중심의 예배를 뜻합니다. 영과 진리로 예배할 때, 우리는 하나님이 찾으시는 예배자가 됩니다. 그리고 그 예배는 아버지 하나님을 기쁘시게 합니다.

링컨 대통령의 어머니 낸시 여사는 링컨에게 다음과 같은 신앙 십계명으로 일평생 예배를 잘 드릴 것을 교훈하였습니다.

첫째, 나는 주일을 거룩하게 지키며 예배 생활에 힘쓸 것이다.

둘째, 나는 날마다 하나님의 말씀인 성경을 묵상하고 그 말씀을 실천할 것이다.

셋째, 나는 도움을 베풀어 주시는 하나님 아버지께 날마다 겸손히 기도할 것이다.

넷째, 나는 나의 뜻이 아니라 하나님의 뜻에 순종할 것이다.

다섯째, 나는 하나님께서 베풀어 주신 은혜를 기억하며 감사할 것이다.

여섯째, 나는 연약하지만, 하나님의 도우심을 의지할 것이다.

일곱째, 나는 하나님만을 높여 드리고 그분께만 영광을 올려 드릴 것이다.

여덟째, 나는 하나님 안에서 우리는 모두 자유롭고 평등하다고 믿는다.

아홉째, 나는 형제를 사랑하고 이웃을 사랑하라는 주님의 명령을 실천할 것이다.

열째, 나는 이 땅 위에 하나님의 진리와 공의가 실현되도록 기도할 것이다.

링컨 대통령처럼 하나님을 예배하면, 우리는 세상 가운데서 하나님의 영광을 드러냅니다.

 1. 하나님께 최고의 경배와 가치를 돌리는 예배란 무엇일까요?

2. 예수님께서 말씀하신 신령과 진정으로 드리는 예배의 의미를 깊이 살펴보고, 우리 예배 생활 속에서 이를 실천할 방법에 대해 이야기해 봅시다.

예수님을 주(主)로 고백하는 우리는 교회입니다.

┌─ 소그룹 인도 ──────────────────────────────

사도신경 : 다같이 | 찬송 : 365장(통 484) | 기도 : 회원 중 | 본문 말씀 : 마16:13-20

| 헌금 찬송 : 찬 300(통 406) | 헌금 기도 : 회원 중 | 주기도문 : 다같이

예수님은 자신을 '진리(요 14:6), 진리의 교사(요 8:40)'라고 하셨습니다. 또 자신의 나라를 '진리의 나라(요 18:37)'요, 자신을 진리의 나라를 다스리는 '진리의 왕(요 18:37)'이라고 하셨습니다. 이 이렇게 말씀하신 이유는 예수님이 진리이시기 때문입니다(요1:17). 그래서 예수님에 대한 성경의 모든 증거는 모두 진리입니다(요 20:30-31). 한마디로 예수님은 진리 그 자체이십니다. 그럼 우리는 진리이신 예수님을 어떻게 믿고 따라야 할까요?

1. 세상은 예수님을 위인 중의 하나라고 합니다.

"사람들이 나를 누구라고 하느냐?"는 예수님의 질문에 제자들은 세 가지로 대답했습니다. 첫째, 세례 요한입니다. 그는 광야에서 청빈한 생활을 하면서 다가올 하나님의 진노와 심판을 예언하고, 정의로운 일생을 살다가 순교한 위대한 선지자입니다. 둘째, 엘리야입니다. 그는 에녹과 더불어 죽지 않고 승천한 선지자이며(왕하 2:21), 갈멜산 꼭대기에서 하나님께 기도함으로써 하늘에서 불이 떨어지게 한 불의 사자(왕상 18:24; 왕하 1:10)입니다. 셋째, 예레미야입니다. 그는 멸망의 길로 달려가는 이스라엘 민족을 보고 하염없이 눈물을 흘렸던 선지자입니다. 이들은 모두 선지자들로서 이스라엘의 역사에 위인으로 언급될 만큼 우뚝 솟아있다는 특징을 갖고 있었습니다. 제자들의 대답은 당시 사람들이 예수님을 위인으로 여기기는 했으나, 메시아로는 생각하지 않았음을 보여줍니다.

지금도 마찬가지입니다. 이 세상에 예수님을 모르는 사람은 없습니다. 그러나 예수님을 메시아로, 곧 내 구주로 생각하는 사람은 적습니다. 지금도 많은 사람이 예수님을 역사 속에 존재했던 성인이나 위인 중의 한 사람으로 생각합니다.

2. 기독교 신앙은 예수님에 관한 올바른 신앙고백입니다.

"너희는 나를 누구라 하느냐?"란 예수님의 물음에 베드로는 "주는 그리스도시요, 살아계신 하나님의 아들이십니다!"라고 대답합니다.

이 고백은 예수님이 인류를 죄에서 구원하실 분이라는 뜻입니다. 베드로의 이 신앙고백은 기독교 신앙의 핵심을 담고 있으며, 베드로의 신앙고백은 개인의 고백이 아니라 기독교 전체의 고백입니다. 게다가 베드로의 고백에는 예수님의 인성과 신성에 대한 언급이 담겨 있있는데, 하나님이시자 참 인간이신 예수 그리스도에 대한 베드로의 올바른 신앙고백은 기독교 신앙의 핵심을 정확히 가리키고 있습니다.

기독교 신앙은 예수님에 관한 올바른 신앙고백에서부터 시작합니다. 베드로가 올바른 신앙고백을 하게 하신 하나님께서(17절) 우리에게 믿음을 주실 때, 우리는 예수님을 역사 속에 존재했던 성인이나 위인이 아니라 나를 죄에서 건져 구원하실 구주로 만납니다. 하나님이 믿음을 주시면, 우리는 예수님을 올바르게 고백합니다. 거듭나면 예수님은 내 구주가 되십니다. 거듭나면 우리는 예수님이 나를 구원하시기 위해 이 땅 위에 사람의 모습으로 오신(인성) 하나님이시라는(신성) 사실을 분명히 고백할 수 있게 됩니다.

3. 예수님을 구주로 고백하는 신앙 위에 교회가 세워집니다.

베드로의 신앙고백을 들으신 예수님은 "너는 베드로라. 내가 이 반석 위에 내 교회를 세우리니 음부의 권세가 이기지 못하리라(18절)"라고 말씀하셨습니다. 하나님으로부터 말미암은 베드로의 진실한 신앙고백 위에 예수님의 교회가 세워진다는 뜻입니다.

교회의 기초는 예수님에 관한 정확한 앎과 거기서 비롯한 신앙고백이기에, 교리적 암기가 아닙니다.

교회는 예수님의 신성과 인성을 인격적으로 경험하고, 이를 신앙으로 고백하는 사람 위에 세워지는 것입니다. 그래서 교회는 내가 인격적으로 체험한 예수님에 관한 생생한 증언이 넘치는 곳입니다. 이 증언은 참이기에 부인될 수 없고, 성령님이 보증하시기에 결코 없앨 수 없습니다. 그래서 교회의 기초인 신앙고백은 영원히 흔들리지 않는 반석입니다.

이 반석(올바른 신앙고백) 위에 교회는 세워졌고 교회는 예수님에 관한 올바른 신앙고백을 가진 사람들의 견고한 연합입니다. 영원한 반석 위에 세워진 교회는 견고하게 서서 생명이신 구주 예수님을 신앙합니다. 따라서 결코 음부의 권세는 교회를 이길 수 없습니다. 오히려 이 신앙고백 앞에 죽음조차 무릎을 꿇습니다.

나눔

1. 세상 사람들은 예수님을 성인군자 정도로만 생각하는 이유는 무엇일까요?
2. 예수님을 구주로 고백하는 신앙 위에 세워지는 교회의 의미와, 신앙 공동체가 무엇을 지향해야 하는지에 대해 나누어 봅시다.

난 기쁨으로
완전한 날을 기다린다.

소그룹 인도

사도신경 : 다같이 ㅣ 찬송 : 492장(통 544) ㅣ 기도 : 회원 중 ㅣ 본문 말씀 : 마24:3-14
ㅣ 헌금 찬송 : 찬 425(통 217) ㅣ 헌금 기도 : 회원 중 ㅣ 주기도문 : 다같이

종말에는 개인적 종말과 우주적 종말이 있습니다. 개인적 종말은 내가 죽는 날이며, 우주적 종말은 세상이 끝나는 날입니다. 예수님이 재림하실 때 이 세상은 종말을 맞습니다. 그러나 종말은 두려운 날이 아닙니다. 종말은 악이 심판되고, 이 세상이 완전해지는 날입니다. 그러므로 기독교의 재림 신앙, 종말 신앙은 완전한 날을 기쁨으로 기다리는 삶에 관한 것입니다. 오늘은 기독교의 종말 신앙에 관해 나누어 보겠습니다.

1. 종말의 징조들이 있습니다.

예수께서 감람산에 있을 때 제자들이 찾아와 "세상 끝에는 무슨 징조가 있습니까?(3절)라고 물었습니다." 예수님은 종말의 징조를 가르쳐 주셨습니다. 첫째, 사람의 미혹입니다(5절). 많은 사람이 예수의 이름으로 와서 자신을 그리스도라고 말하며 믿는 사람들을 미혹할 것입니다. 둘째, 전쟁 소식입니다(6절). 끝없는 전쟁 소식은 주님 오실 날이 임박했다는 징조입니다. 셋째, 곳곳에 기근입니다(7절). 넷째, 지진입니다(7절). 다섯째, 불법이 성행하고 사람들의 마음에서 사랑이 식어질 것입니다(12절).

종말이 정확히 언제인지 아는 사람은 없습니다. 오직 하나님만 종말의 정확한 때를 아십니다. 하지만 그날이 임박했다는 징조는 분명히 있습니다.

2. 그릇된 종말론을 경계하십시오.

인류 역사를 보면 그릇된 종말 이해로 수많은 사이비 종교가 태어났습니다. 기독교 역사 2,000년 동안에도 종말과 관련하여 수많은 이단이 있어 왔습니다. 한국에서도 종말을 잘못 이해하여 생겨난 여러 이단이 기독교 신앙을 해치고, 사회를 어지럽혀 왔습니다.

그릇된 종말 신앙은 다시 오실 주님을 맞이하기 위해 깨끗한 상태가 되어야 한다고 말하며, 깨끗한 상태가 되기 위해 세상과 분리된 모습이 필요하다고 말합니다.

더 나아가 현재의 삶을 포기해야 깨끗한 상태가 된다고 주장하는 잘못된 신앙입니다. 그릇된 종말 신앙은 신앙과 삶을 분리 시키며 고립된 상태를 만드는 잘못된 신앙입니다. 그래서 그릇된 종말 신앙을 가지면 삶과 신앙이 나뉩니다. 폐쇄된 종교적 공간이나 지역, 가치관에 갇혀 균형을 잃은 삶을 살게 됩니다.

시대가 흉흉해지고, 자연재해나 자주 발생할 때면 언제나 그릇된 종말론이 등장하여 사람들을 미혹하고, 삶을 파괴해 왔습니다. 그릇된 종말론을 경계하십시오. 그릇된 종말론에 빠지면 종말이 오기 전에 먼저 내 삶의 건강한 관계와 삶의 의미, 일상이 허무하게 무너지는 종말이 찾아옵니다.

3. 지금 깨어 있으면 종말을 준비하게 됩니다.

마태복음 25장에는 혼인 잔치의 비유가 나옵니다. 열 처녀가 신랑을 기다리는데 신랑이 생각보다 더디 왔습니다. 그러자 열 처녀 모두 졸며 잠이 들었습니다. 그런데 슬기로운 다섯 처녀는 미리 등과 함께 기름을 준비했고, 미련한 다섯 처녀는 등은 있었으나 기름을 준비하지 못했습니다. 신랑이 왔을 때 슬기로운 다섯 처녀는 미리 준비했던 기름과 등을 가지고 신랑을 영접하여 혼인 잔치에 들어갔습니다. 반면 미련한 다섯 처녀는 기름을 준비하지 못해 기름을 사러 갔고, 그동안 문이 닫혀 혼인 잔치에 들어가지 못했습니다.

이 비유는 종말과 예수님의 재림을 준비하는 삶의 태도를 가르칩니다. 종말은 찾아옵니다. 예수님은 반드시 재림하십니다. 주님은 마지막 날에 주님은 신랑으로서 당신의 신부인 우리를 데리러 오십니다. 우리는 그날을 준비해야 합니다.

종말을 준비하는 방법은 깨어 있는 것입니다. 오늘이 삶의 마지막 날이요, 지금이 삶의 마지막 순간이라 여기면 늘 깨어 있을 수 있습니다. 늘 깨어 지금이란 시간을 살아내십시오. 순간순간 신랑이신 예수님의 뜻에 순종하는 것으로써 깨어 있으십시오. 깨어 있지 않은 사람에게 종말은 앞으로 다가올 두려운 미래입니다. 그러나 깨어 있어 종말을 준비한 사람에게 종말은 기다리던 신랑을 만나 혼인 잔치에 들어가는 기쁜 날입니다.

나눔 | 재림을 준비하는 성도의 삶은 어떤 모습이어야 할까요?
잘못된 종말론이 사람들에게 미치는 영향과 그로 인해 생기는 위험성을 논의하고, 성경에서 언급된 종말의 징조를 나누어 보세요.

진리를 알지니,
자유롭게 되리니

─ 소그룹 인도 ─

사도신경 : 다같이 | 찬송 : 406장(통 464) | 기도 : 회원 중 | 본문 말씀 : 요8:31-36
| 헌금 찬송 : 찬 421(통 210) | 헌금 기도 : 회원 중 | 주기도문 : 다같이

"나에게 자유가 아니면 죽음을 달라!" 1775년 미국 독립전쟁 당시, 패트릭 헨리가 했던 유명한 말입니다. 인간에게 자유가 얼마나 소중하며, 자유란 인간이 누려야 하는 기본권리라는 점을 강조하고 있습니다. 복음은 참 자유의 선포이며, 성경은 자유에 관한 책입니다. 성경의 중심인 예수님은 참 자유인이셨으며, 오늘은 영원한 진리인 하나님의 말씀에서 자유에 관해 생각해 봅니다.

1. 자유는 죄의 종에서 벗어나는 일입니다.

흔히 자유는 내 맘대로 할 수 있는 권리를 뜻합니다. 더 성숙한 견해에 따르면 자유는 자기 맘대로 행동하는 것이 아니라 잘못된 것을 하지 않을 권리, 자기의 행동에 대한 책임감, 인간의 독립성 등으로 정의되기도 합니다.

하지만 성경은 자유를 '죄의 종에서 벗어남'으로 정의합니다. 자유란 죄로부터의 해방입니다.

그렇다면 죄는 무엇입니까? 하나님과의 관계 파괴입니다. 하나님과 나의 위치인 주종의 관계가 바뀌면서 내가 주인이 되어 하나님을 종으로 여기는 삶의 태도가 죄의 본질입니다. 태초의 어느 순간 첫 번째 인간은 범죄하여 죄의 종이 되었습니다. 자유롭고자 했던 인간은 자유를 잃고, 죄의 노예가 되었습니다. 죄의 노예로 살면 최종 결과는 죽음입니다.

자유는 원래 우리의 것입니다. 신앙은 원래 우리가 하나님께 받아서 가졌던 자유를 되찾는 일입니다. 죄의 종에서 벗어남이고, 죽음으로부터의 해방입니다.

2. 우리를 죄의 종으로 만드는 사탄이 있습니다.

죄의 종에서 벗어나고, 죽음으로부터 해방되는 일은 사탄으로부터 해방되는 일이기도 합니다. 사탄의 정체를 인정하고, 아는 것은 우리가 자유를 얻는 과정에서 필수입니다.

사탄은 인간 안에 있는 악을 사람처럼 표현한 게 아닙니다. 마귀라고도 하는 사탄은 실존합니다. 눈에 보이지는 않지만, 사탄은 지금도

왕성하게 활동합니다. 사탄은 태초의 인간을 미혹하여 죄의 길로 인
도하는 일에 성공하였고, 그 뒤로도 그 일을 계속하는 영적 존재입니
다. 영적 존재라고 해서 정신적인 영역에만 있는 것처럼 생각되지만,
사탄은 우리 삶의 모든 영역에 틈을 타고 들어와 우리를 지배하는 영
적 존재입니다. 사탄의 활동 영역은 이 세상 모두에 걸쳐 있고, 사탄
의 왕성한 활동은 인간을 죄의 종으로 살게 하고 있습니다.

3. 진리가 우리를 자유롭게 합니다.

예수님은 진리를 말하시는 분을 넘어 진리 그 자체이십니다. 예수님
의 말과 행동은 예수님의 삶과 인격으로 드러난 진리입니다.

진리이신 예수님은 이 세상에 계시는 동안 철저하게 아버지 하나님
의 종으로 사셨습니다. 하나님께 명령하는 사람이 아니라 주인이신
하나님의 명령에 순종하는 겸손한 종이었습니다. 예수님은 근본 하나
님의 본체이시나 하나님과 동등됨을 취할 것으로 여기지 아니하시고
오히려 자기를 비워 종의 형체를 가지시고 십자가를 지셨습니다.

예수님의 십자가 지심으로 우리의 죗값이 치러졌습니다. 우리는 이
제 죄의 종이 아니라 자유인이 되었습니다. 하나님과 관계가 회복되
고, 내가 삶의 주인 자리에서 내려가 하나님의 뜻에 순종하는 삶을 살
때, 영원히 죽지 않는 생명으로 삽니다. 이것이 진리이신 예수님이 우
리를 위해 하신 일입니다.

우리는 예수님의 삶에서 하나님을 주인으로 모시는 삶의 본을 봅니

다. 기꺼이 하나님의 종이 될 때, 우리가 어떻게 죄의 종에서 벗어나 참 자유인이 되어 살아갈 수 있는지를 생생하게 봅니다. 이것이 진리를 안다는 말입니다. 진리를 알면 참으로 자유롭게 됩니다. 예수님처럼 하나님을 주인으로 모시고 살면서 영원한 생명을 누립니다.

진리이신 예수님을 만났습니까? 진리이신 예수님을 알고 있습니까? 참 진리이신 예수님을 만나고, 예수님을 알아가십시오. 그러면 우리는 그 어떤 죄에도 걸리지 않는 참 자유의 삶을 살게 됩니다. 진리를 알지니, 자유롭게 되리니!

1. 마귀가 틈타지 못하게 하려면 어떻게 해야 할까요?
2. 예수님이 말씀하신 진리와 그것이 우리의 삶에 가져다주는 자유에 대해 나누어 봅시다.

우리와 하나님의 나라를 담은 기도

소그룹 인도

사도신경 : 다같이 | 찬송 : 369장(통 487) | 기도 : 회원 중 | 본문 말씀 : 마18:15-20
| 헌금 찬송 : 찬 380(통 424) | 헌금 기도 : 회원 중 | 주기도문 : 다같이

기도는 영혼의 심장이요, 피입니다. 기도할 때, 성도는 살아갈 힘을 얻고, 잘 살 수 있습니다. 그래서 기도는 성도가 반드시 해야 할 일입니다.

그런데 기도는 개인적으로 하는 일이지만, 함께하는 일이기도 합니다. 기도하는 삶을 사셨던 예수님은 '두 사람이 땅에서 합심하여 무엇이든지 구하면(19절)'이라고 하셨습니다. 합심 기도를 권하신 것입니다. 합심 기도에는 큰 유익이 있기 때문입니다. 합심 기도의 유익은 무엇일까요? 우리는 어떻게 합심 기도를 해야 할까요?

1. 합심 기도는 아름답습니다.

합심 기도는 두 사람 이상이 함께하는 기도입니다. '두 사람이'라는 표현은 하나님 안에서 마음이 하나가 된 것을 말합니다. 마음이 하나가 되려면 자기중심성에서 벗어나야 하는데. 자기중심성에서 벗어나려면 하나님 안에 있어야 합니다. 따라서 '함께 기도한다'라는 말은 "하나님 안에서 죄가 없이 존재한다"란 말입니다.

죄가 없을 때 인간은 하나님의 형상을 회복합니다. 죄가 없는 인간은 하나님을 닮아 아름답고, 서로 용서하고 상대를 받아들인 상태에 있습니다. 자신이 가질 수 있는 가장 아름다운 모습으로 존재합니다. 그래서 하나님의 형상을 회복한 성도들이 연합하는 모습은 아름답습니다. 시인은 "형제가 연합하여 동거함이 어찌 그리 선하고 아름다운고(시 133:1)"라고 했습니다.

거기서 더 나아가 한 마음으로 연합한 그들이 하나님께 기도합니다. 하나님을 향해 한 마음으로 존재하며 빛이 납니다. 그러니 얼마나 아름답습니까?

2. 합심 기도는 하나님의 나라와 그 의를 담는 큰 그릇입니다.

합심 기도는 한마음이 되어 드리는 기도로 하나님 안에서 죄가 없이 존재하며 드리는 아름다운 기도입니다. 합심 기도는 자기중심성에서 벗어나 공동의 목표를 바라보며, 상대를 살피고 돌보는 마음으로 드리는 기도입니다. 따라서 합심 기도의 내용은 언제나 개인적인 소원 성취를 넘어 있습니다.

합심 기도의 내용은 하나님의 나라와 그 의를 먼저 구하는 것입니다. 합심하여 기도하면 눈이 열려 '나'만이 아니라 '우리'까지 보게 됩니다. 그리고 높은 비전을 품게 되는 것입니다. 합심 기도는 기도하는 개인을 하나님 나라 안으로 초청합니다. 개인의 소원 성취나 성공이 아니라 하나님 의를 구하게 합니다. 개인을 기도하는 거룩한 무리로 바꾸어 냅니다.

그러므로 합심 기도는 우리를 기복신앙에서 벗어나게 합니다. 합심하여 기도할 때 우리는 욕망의 추구에서 비전에 대한 갈망으로, 성공에 대한 열망에서 정의의 실현으로, 세속화된 신앙에서 성결한 신앙으로 옮겨갑니다. 합심하여 기도하면 내 기도는 하나님의 나라와 그 의를 담아내는 큰 그릇이 됩니다.

3. 합심 기도는 하나님의 뜻을 실현합니다.

"두 사람이 땅에서 합심하여 무엇이든지 구하면 하늘에 계신 내 아버지께서 그들을 위하여 이루게 하시리라!" 합심 기도를 권하신 예수님의 말씀입니다.

성경과 역사 속에는 합심 기도의 능력을 증언하는 이야기들이 많습니다. 유대 왕 여호사밧은 암몬, 모압, 세일산 거민들이 연합하여 공격했을 때 온 국민에게 합심 기도를 선포하고, 자기도 열심히 기도하여 응답받았습니다. 베드로가 옥에 갇혔을 때 예루살렘교회 성도들은 합심하여 기도했고, 베드로는 성령의 인도를 받아 옥에서 풀려났습니다. 합심 기도는 인간의 예상을 뛰어넘는 하나님의 능력이 드러나는 통로입니다.

그러나 합심 기도가 힘이 있는 이유는 기도하는 사람의 숫자가 많고, 기도하는 사람들이 간절히 기도했기 때문만이 아닙니다. 합심 기도가 능력이 있는 이유는 합심 기도가 하나님의 뜻에 합한 기도이고, 하나님이 명령하신 기도이기 때문입니다. 이것이 합심 기도를 진정으로 능력 있게 합니다.

합심 기도는 하나님의 나라와 그 의에 초점 맞춰진 기도입니다. 합심 기도는 예수님이 권하신 기도입니다. 합심 기도의 시작과 끝은 하나님 안에 있습니다. 그래서 합심 기도는 하나님의 뜻을 실현합니다.

 1. 기도의 내용은 어떻게 구성되어야 할까요?
2. 함께 기도했을 때 하나님께서 응답하신 경험이나 공동체 안에서 기도를 통해 느꼈던 변화를 나누어 보세요.

용서받고, 용서하고

소그룹 인도

사도신경 : 다같이 | 찬송 : 220장(통 278) | 기도 : 회원 중 | 본문 말씀 : 마18:21-35

| 헌금 찬송 : 찬 445(통 502) | 헌금 기도 : 회원 중 | 주기도문 : 다같이

인생은 다른 사람과 어울리는 일입니다. 나와 같은 결을 가지고 있는 사람은 물론 다른 결을 가지고 있는 사람과도 더불어 살아가는 것이 인생입니다. 그러기에 인생은 내가 맺고 있는 관계의 모음이라고 말 할 수 있습니다. 그런데 나와 결이 다른 사람들과도 함께 살다 보니 인생은 상처로 가득합니다. 그래서 인생을 돌아보면 내게 상처를 입힌 사람들로 인생의 순간순간이 채워져 있기도 합니다.

이런 우리를 대표하여 베드로는 예수님께 "상대가 내게 죄를 범하면 몇 번이나 용서해야 할까요?"라고 물을 때, 예수님은 "일곱 번을 일흔 번까지 용서하라"고 하심으로써 용서라는 행위의 영원한 가치를 설파하십니다. 상처로 가득한 내 인생을 치유할 해법으로 용서를 제시하신 것입니다.

1. 용서는 내가 천국에서 큰 사람이 되는 인생의 기술입니다.

용서를 주제로 한 베드로와 예수님의 대화는 "천국에서는 어떤 사람이 큰 사람인가?"란 주제를 다루는 흐름 안에서 일어났습니다. 천국에서 큰 사람은 용서하는 삶을 산다는 뜻입니다.

인생의 주인은 하나님이시고, 인생의 목표는 천국에서 큰 사람이 되는 것입니다. 천국은 모든 사람이 평화를 누리는 나라이며, 천국은 조화로운 인간관계 위에 세워집니다. 천국에서 큰 사람은 내가 속한 나라가 이런 나라가 될 수 있도록 자기를 낮추는 사람입니다. 평화와 조화로운 인간관계가 있는 나라가 되는 일에 헌신하는 사람이며, 자기를 낮추는 사람이 큰 사람입니다.

자기를 낮추는 사람이 되려 할 때 필요한 인생의 기술이 '용서'입니다. 나와 결이 달라서 내게 상처를 주는 사람을 받아들여 같이 있으려면 용서는 필수입니다. 용서하지 않으면 결코 자기를 낮출 수 없고, 나를 낮추지 않으면 나는 내가 속한 나라가 천국이 되는 일에 헌신할 수 없습니다.

용서는 내가 천국에서 큰 사람이 되는 인생의 기술입니다. 성령님의 지도를 받으며 배우고, 익혀야 하는 삶의 가치입니다.

2. 우린 용서받고, 용서해야 합니다.

예수님은 만 달란트 빚진 사람의 비유를 들어 용서가 무엇인지를 말씀하십니다. 만 달란트 빚진 종은 주인에게 빚을 탕감받았습니다. 그런데 자기에게 겨우 백 데나리온 빚진 동료를 용서하지 않고, 그가 빚을 갚도록 옥에 가두었습니다. 이를 안 주인은 노하여 만 달란트 빚진 사람이 빚을 다 갚도록 그를 옥졸에게 넘깁니다.

이 비유는 하나님과 인간 사이에 일어난 일을 계시합니다. 하나님의 용서가 거룩하신 하나님과 죄인인 인간을 같이 있게 합니다. 이것이 구원입니다. 이제 하나님의 용서로 구원받은 성도가 할 일은 타인을 용서하여 그를 구원의 길로 인도하는 일입니다.

그래서 우리는 상처를 입고 사는 것 같으나, 상처를 입히기도 합니다. 상처만 받는 인간은 없습니다. 인간은 용서받고, 용서해야 하는 존재입니다. 우린 내가 상처받는 존재일 뿐만 아니라 상처도 주는 존재임을 기억해야 합니다. 우리가 배워야 할 삶의 가치이자 기술은 용서하는 일만이 아니라 용서받는 일도 포함됩니다. 인간은 용서받고, 용서해야 하는 존재라는 통찰이 믿음입니다.

3. 용서가 있는 자리가 천국입니다.

내가 입힌 상처를 용서받음으로써 우리는 내 인생 속에서 만난 사람들과 다시 연결됩니다. 내가 상처를 준 사람을 용서함으로써 우리는 내가 살아오는 동안 만난 사람들을 더 사랑할 수 있습니다. 나는 용서함으로써 혼자가 아니라 둘 이상이 됩니다. 용서받고, 용서하는 데서 배운 이 사랑이 나를 풍성하고 생명 넘치는 관계 안에 있게 합니다. 이 사랑의 관계 안에서 나와 너는 조화를 이루며 존재합니다. 이 사랑의 관계 안에는 평안이 있습니다.

내가 용서해야만 하는 존재가 아니라 용서도 받아야 하는 존재임을 아는 것이 자기 낮춤입니다. 자기 낮춤이 있는 곳에는 사랑이 있고, 평안이 있습니다. 사랑과 평안이 있는 그 자리는 이미 임한 천국입니다. 용서가 있는 곳에 천국이 있습니다.

1. 남을 용서하지 못하는 것이 우리 삶에 미치는 부정적인 영향은 무엇일까요?
2. 예수님이 용서를 무한히 베풀라고 하신 의미에 대해 생각해 보고, 그 의미가 우리의 삶에 어떻게 적용될 수 있는지 이야기해 봅시다.

최고의 권위에 엎드리다.

┌─ 소그룹 인도 ─
│ 사도신경 : 다같이 | 찬송 : 336장(통 383) | 기도 : 회원 중 | 본문 말씀 : 행4:13-21
│ | 헌금 찬송 : 찬 400(통 463) | 헌금 기도 : 회원 중 | 주기도문 : 다같이

기독교 신앙은 종교 개념 습득이나 정신활동, 종교 행위가 아닙니다. 하나님 앞에 선 성도가 하나님께 드리는 매 순간의 행동입니다. 이 행동이 '순종'입니다. 우리는 종교 행위에서 시작해 순종하는 자리까지 나아가야 합니다. 순종은 기독교 신앙의 꽃이자 절정입니다. 우리는 순종으로 나를 자녀 삼으신 하나님의 뜻에 응답하는 삶을 살아야 합니다. 오늘은 순종이 무엇인지 나누어 보겠습니다.

1. 순종은 하나님을 전하는 담대함입니다.

예수님이 약속하신 대로 성령이 오시자 제자들은 완전히 달라졌습니다. 성령의 충만을 경험하자 그들은 하나님께 순종하는 사람이 되었습니다. 그들은 이전의 제자들이 아니었습니다. 베드로와 요한은 예수의 이름으로 나면서 못 걷게 된 사람을 그 자리에서 일으킵니다(행 3:1-10). 이 기적을 보고 솔로몬 행각에 모인 사람들 앞에서 예수님을 세 번이나 부인했던 베드로는 담대히 생명의 주인이신 예수님과 예수님의 부활을 선포합니다. 회개하고 구원을 받으라고 외칩니다. 이 일 때문에 투옥되었고, 투옥 다음 날 공회에서 정치, 종교 지도자들에게 엄중한 심문을 받았으나 베드로는 조금도 밀리지 않았습니다. 담대하게 예수님만이 구세주가 되심을 증언했습니다. 복음을 전하지 말라는 경고에도 그럴 수 없다고 했습니다.

순종은 하나님을 전하는 담대함입니다. 예수 그리스도만이 구원의 이름이요, 우리가 구원 얻는 길이라는 진리에 대한 확신과 거기서 나오는 담대함입니다.

2. 순종은 참 권위를 분별하여 하나님께 엎드리는 일입니다.

베드로와 요한은 예수님의 이름으로 말하지도 가르치지도 말라는 공회원들의 경고에 이렇게 답합니다. "하나님 앞에서 너희의 말을 듣는 것이 하나님의 말씀을 듣는 것보다 옳은가 판단하라!우리는 보고 들은 것을 말하지 않을 수 없다." 그들의 경고를 듣지 않고, 투옥 이전처럼 행동하겠다는 말이었습니다.

제자들이 이렇게 할 수 있었던 까닭은 거기에 있던 사람들, 곧 대

제사장, 제사장들, 사두개인들, 서기관들, 관리들, 장로들보다 예수님이 더 높은 권위인 것을 분별했기 때문입니다. 이전에도 예수님의 권위가 다른 종교 지도자들과는 다르다는 것을 어렴풋이 알았던(마 7:28-29) 제자들은 예수님의 부활을 보고 성령을 경험한 뒤에는 모든 권위 위에 있는 예수님의 권위를 완전히 알아차립니다. 예수님의 신성과 그 권위에 완전히 눈을 뜬 것입니다. 그러자 그들은 자신들이 누구에게 속해 있는지 알았고, 누구에게 순종해야 하는지 알았습니다. 자신들은 모든 권위 위의 권위인 예수님께 속해 있었기에 공회가 아니라 예수님께 순종해야 하는 것이었습니다.

세상에는 많은 권위가 있고, 그 권위 중 최고의 권위는 하나님이십니다. 기독교의 순종은 참 권위를 분별하는 일입니다. 하나님과 다른 권위가 맞설 때, 성도는 참 권위인 하나님께 순종합니다.

3. 순종은 기적을 일으킵니다.

베드로와 요한은 최고의 권위인 예수님께 순종했습니다. 그들은 사람의 말을 듣지 않고, 땅끝까지 이르러 내 증인이 되라는 예수님의 명령에 순종했습니다. 제자들이 순종하자 기적이 일어났습니다. 나면서 못 걷게 된 사람이 일어나 걸었고(3:7-8), 베드로의 설교를 듣고 5천 명이 회개하고 예수님을 믿었으며(4:4), 모든 사람이 병 나은 사람을 보고 하나님께 영광을 돌렸습니다(4:21).

순종은 기적을 일으키는 씨앗입니다. 하나님께 순종하면 하나님이 약속하신 미래가 현재가 됩니다. 장애물이 변하여 나를 약속된 미래로 밀고 가는 기회가 됩니다.

1. 베드로와 요한이 담대하게 복음을 전할 수 있었던 이유는 무엇인가요?
2. 제자들이 순종해야 할 권위를 분별하는 것이 중요했던 이유를 함께 나누어 봅시다.

낮아지는 자리에
그 나라가 있다네

소그룹 인도

사도신경 : 다같이 | 찬송 : 212장(통 347) | 기도 : 회원 중 | 본문 말씀 : 마21:23-32
| 헌금 찬송 : 찬 211(통 346) | 헌금 기도 : 회원 중 | 주기도문 : 다같이

예루살렘의 성전에 들어간 예수님은 복음을 가르치시다가 권위 문제로 교권을 가진 유대교 지도자들과 부딪히십니다. 하나님을 누구보다 열심히 앞서서 믿는다고 하는 그들이 메시아이신 예수님을 배척했습니다. 그들의 교만한 마음은 결코 메시아이신 예수님을 받아들일 수 없었기 때문입니다. 그러자 예수님은 포도원을 가진 사람과 그의 두 아들 비유를 들어 메시지를 전하십니다.

1. 겸손이 참 능력입니다.

어떤 사람은 하나님을, 맏아들은 유대교 지도자들을, 둘째 아들은 당시 죄인으로 낙인찍혔던 사람들인 세리와 창녀들을 가리킵니다. 맏아들은 포도원에 가서 일하라는 아버지의 말에 "예"하고 대답하고는 포도원에 가지 않았습니다. 둘째 아들은 포도원에 가서 일하라는 아버지의 말에 "싫습니다"라 대답했지만, 후에 뉘우치고 포도원에 갔습니다. 예수님은 이 비유로 종교가 주는 온갖 특권을 누리면서도 정작 하나님의 뜻에는 순종하지 않는 유대교 지도자들을 나무라십니다. 또 비록 처음부터 하나님의 뜻에 순종하지는 못했으나 회개하고 복음을 받아들인 죄인들을 칭찬하십니다.

메시아이신 예수님의 복음 전파에 반응하는 사람들이 두 부류로 나뉜 까닭은 겸손의 있고 없음이란 차이 때문이었습니다. 교만했던 유대교 지도자들은 온갖 종교적 특권은 누리면서도 하나님의 말씀에 순종하지 않음으로써 하나님의 나라와 멀어졌습니다. 반면 겸손했던 세리와 창녀들은 예수님을 만나기 이전의 삶에서 돌이켜 예수님께 순종함으로써 유대교 지도자들보다 먼저 하나님의 나라에 들어갈 수 있었습니다.

신분이나 능력의 차이가 아니라 하나님 앞에 선 태도의 차이가 사람들의 운명을 갈랐습니다. 교만은 메시아이신 예수님을 받아들이지 못하나, 겸손은 메시아이신 예수님을 받아들입니다. 교만은 불순종을 낳고, 겸손은 순종을 낳습니다. 겸손이 참 능력입니다.

2. 겸손은 참 권위를 드러내는 낮아짐과 섬김의 실천입니다.

예수님은 겸손의 완전한 예를 보여주셨습니다. 빌립보서 2장에 따르면 예수님은 하나님의 본체입니다. 그러나 동등 됨을 포기하시고 자기를 비워 종의 형체를 가지고 이 땅에 오셨습니다. 자신을 낮추시고 죽기까지 복종하여 십자가에서 죽으셨습니다.

그러나 이는 진정으로 높아짐이었습니다. 하나님은 낮아지신 예수님을 높여 모든 권세 중의 권세가 되게 하셨습니다. 겸손을 실천하신 예수님을 높여 구원의 이름이 되게 하셨습니다.

겸손은 우월한 힘에 대한 굴종이 아닙니다. 겸손은 하나님의 뜻에 순종하여 사람을 섬기는 종이 되는 것입니다. 낮아짐과 섬김의 실천입니다. 겸손은 이 세상을 죄에서 구원하는 참된 권위가 무엇인지를 드러내는 성도의 태도입니다.

3. 겸손한 사람은 늘 하나님의 나라 안에서 삽니다.

하나님의 나라는 하나님께 순종하려는 마음이 있는 자리인 낮은 곳에 있습니다. 하나님의 나라는 겸손으로 나를 낮출 때, 들어갈 수 있는 나라입니다. 교만하면 메시아이신 예수님을 받아들이지 못합니다. 교만하면 구원받지 못하고, 하나님의 나라에 들어갈 수 없습니다. 유대교 지도자들은 교만했기에 종교 생활은 했으나 구원은 받지 못했습니다. 예수님은 교만한 대제사장들과 백성의 장로들에게 "세리와 창녀들이 너희보다 먼저 하나님의 나라에 들어가느니라"라고 말씀하셨습니다.

 하나님은 겸손한 사람에게 은혜를 주시기에 겸손한 사람은 큰 복을 받습니다. 겸손할 때 우리가 받는 복은 첫째, 하나님의 자녀가 되는 일입니다. 둘째, 늘 하나님의 나라 안에 있게 됩니다. 겸손하면 우리는 하나님의 자녀로서 늘 하나님의 나라 안에 살게 됩니다. 하나님의 나라는 먼 데 있지 않고, 우리가 겸손으로 하나님의 뜻에 순종하는 낮은 자리입니다.

1. 왜 예수님은 겸손을 중요한 덕목으로 가르치셨을까요?
2. 가족, 직장, 교회 등 일상 속에서 겸손을 구체적으로 실천할 수 있는 방법들을 나누어 봅시다.

PART/ 05

성도, 일터에 거룩함을 심는다!

┌─ 소그룹 인도 ─

사도신경 : 다같이 ㅣ 찬송 : 320장(통 350) ㅣ 기도 : 회원 중 ㅣ 본문 말씀 : 엡6:5-9

ㅣ 헌금 찬송 : 찬 213(통 348) ㅣ 헌금 기도 : 회원 중 ㅣ 주기도문 : 다같이

우리는 인생의 많은 시간을 일터에서 보내고, 일터에서 각자 자기 일을 합니다. 그 일이 무엇이든 모든 직업은 하나님으로부터 주어졌습니다. 이것을 '직업의 소명'이라고 합니다. 이 말 속에는 직업은 단지 생계유지를 위한 수단이 아니라는 신앙의 관점이 들어있습니다. 직업은 하나님께서 당신의 뜻을 이루시기 위해 우리에게 주신 도구입니다. 우리는 직업의 소명에 응함으로써 하나님의 뜻을 이루어 갑니다. 일터와 직업은 신앙 밖의 영역이 아니라 신앙이 품어야 할 영역입니다. 우리는 어떻게 직업의 소명에 응해야 할까요?

1. 성실하게 일합니다.

많은 이들이 의무감이나 생계의 필요를 채우기 위해 직장에서 일합니다. 그러다 보니 직장에서 일하는 즐거움과 감사를 느끼지 못합니다.

이런 우리에게 성경은 '종들아 두려워하고 떨며 성실한 마음으로(5절)'라고 권면합니다. '성실한 마음'이란 위선이나 다른 생각 없이 마음을 다해 일하는 태도를 의미하는 것이며, 성실한 마음으로 일하는 것이 직업의 소명에 응하는 방법입니다.

성실한 마음으로 일하십시오. 내게 맡은 일에 마음을 쏟으십시오. 불평과 불만을 그치고 감사와 기쁨으로 성실하게 일할 때, 어느 부서에서나 인정받는 일꾼이 될 것입니다.

2. 주님을 섬기는 마음으로 일합니다.

성경은 "기쁜 마음으로 섬기기를 주께 하듯 하고 사람들에게 하듯 하지 말라(7절)"라고 권고합니다. 기쁜 마음으로 다른 사람을 주님을 섬기듯 하며 일하라는 말입니다. 예수님께서 이 땅에 오신 목적은 섬김을 받으려 함이 아니라 도리어 섬기기 위함이었습니다(마 20:28). 그 섬김이 우리를 죄에서 구원했습니다. 구원받은 이후 우리 삶의 목표는 예수님처럼 섬기는 삶을 살아냄으로써 하나님께 영광을 돌리는 일입니다. 직장은 섬김의 본을 보이신 예수님의 본을 따라 섬김을 연습하는 거룩한 현장입니다.

직장에는 내 맘에 드는 사람만 있는 게 아닙니다. 사실 그런 사람보다 그렇지 않은 사람이 더 많습니다. 그래서 섬기려는 마음이 없다면 직장은 나를 힘들게 하는 사람들이 있어도 생계 때문에 하는 수 없이 견뎌내야 하는 비참하고 어두운 현장이 되고 맙니다.

생각을 바꿔봅시다. 직장은 동료들을 주님을 섬기듯 섬김으로써 예수님을 닮아가는 기회가 자주 주어지는 현장입니다. 우리는 직장에서 내가 만나는 모든 사람을 주님을 섬기듯 섬김으로써 예수님을 닮아갈 수 있습니다.

3. 직장의 거룩함에 눈뜹니다.

성경은 "이는 각 사람이 무슨 선을 행하든지 종이나 자유인이나 주께로부터 그대로 받을 줄을 앎이라(8절)"라고 말씀합니다. 예수님께서 재림하셔서 심판하실 때, 이 땅에서 각자 자신의 위치에서 어떻게 주를 섬기고 하나님께 영광을 돌렸는지가 심판의 기준이 된다는 말입니다.

우리는 인생의 많은 시간을 직장에서 보냅니다. 직장생활은 내가 하나님께서 내게 맡기신 일을 얼마나 하나님의 뜻대로 감당했는지가 평가되는 현장입니다. 하나님께서 일할 능력과 일터를 주시지 않은 사람은 없습니다. 능력의 크기와 일터의 규모만 다를 뿐, 우리는 모두 하나님이 보내시는 일터로 보내집니다. 거기서 하나님의 뜻에 순종하라는 소명을 받습니다.

직장은 생계를 위해 돈을 버는 곳만이 아닙니다. 내 소명에 집중하고 헌신함으로써 신앙의 성장을 경험해야 하는 곳이고, 내 소명을 완수해야 하는 곳입니다. 거룩함을 심어야 하는 믿음의 땅입니다.

 일터의 거룩함에 눈뜨십시오. 거기에 일할 능력을 주어 우리를 보내신 분은 하나님이십니다. 하나님은 거기서 우리와 함께 하나님의 나라를 일구어 가십니다.

나눔
1. 직장에서 성실함을 어떻게 실천할 수 있을까요?
2. 섬기는 마음으로 직장생활을 한다는 것은 무엇일까요?

성도,
존재하는 것으로 소유한다!

소그룹 인도

사도신경 : 다같이 | 찬송 : 580장(통 371) | 기도 : 회원 중 | 본문 말씀 : 딤전6:7-10
| 헌금 찬송 : 찬 570(통 453) | 헌금 기도 : 회원 중 | 주기도문 : 다같이

우리가 살아가는 동안 없어서는 안 될 것이 '돈'입니다. 돈이 없는 삶은 불가능합니다. 돈이 없다면 삶도 없습니다. 그러나 우리를 파멸과 멸망에 이르게 하는 것도 돈입니다. 돈 때문에 많은 사람의 인생이 파멸합니다. 돈에서 일만 악이 나옵니다. 돈은 선과 악의 양면을 가진 우리 삶의 필수 가치입니다. 이 말은 우리가 어떻게 관리하느냐에 따라 돈은 선이 될 수도 있고, 악이 될 수도 있다는 말입니다. 오늘은 성경에서 성도인 우리가 어떻게 돈을 관리해야 하는지를 알아봅니다.

1. 나는 돈의 소유주가 아니라 관리자입니다.

우리는 이 세상에 올 때 아무 것도 가지고 오지 않았고, 이 세상에서 갈 때 아무 것도 가지고 가지 못합니다. 다시 말해 우리가 가진 물질, 곧 돈은 우리의 소유가 아닙니다. 우리가 가진 모든 돈은 하나님이 주셔야 가질 수 있기에 하나님의 소유입니다. 그래서 우리가 가진 모든 돈은 하나님의 소유라는 의식이 있어야 합니다. 나는 돈을 소유한 사람이 아니라 맡은 사람입니다. 이 생각을 '청지기 의식'이라고 합니다.

'청지기'는 다른 사람의 재산을 관리하는 사람입니다. 청지기에게 중요한 것은 "재산이 많은가, 적은가?"가 아닙니다. 그래서 청지기는 소유자가 아니라 관리자입니다. 청지가 늘 물어야 할 것은 "내가 주인의 뜻대로 주인의 소유를 잘 관리하고 있는가? 내가 맡은 물질은 주인의 뜻대로 사용되고 있는가?"입니다.

지금 우리는 돈이 하나님의 자리에 앉은 자본주의 시대에 살고 있습니다. 지금은 물질이 모든 가치 척도의 기준이 되고, 최고가 된 황금만능의 시대입니다. 많은 사람이 돈을 소유하려다가 돈의 노예가 되어 불행한 삶을 살아갑니다.

하나님이 나와 내가 지닌 모든 것의 참 주인이라는 의식을 가지십시오. 청지기 의식으로 무장하십시오. 그럴 때 우리는 돈의 노예가 아니라 돈에서 자유로운 사람, 돈을 주인이신 하나님의 뜻대로 관리하는 사람으로 살아갈 수 있습니다.

2. 자족하는 마음이 있어야 합니다.

우리는 이 세상에 스스로 오지 않았습니다. 하나님의 사랑과 의지가 우리를 이 세상에 오게 했습니다. 우리를 이 세상에 오게 하신 분은 창조주 하나님이십니다. 우리를 이 세상에 보내신 하나님은 지금도 우리를 돌보십니다. 지금 내가 이 세상에 존재하는 것은 하나님이 나를 돌보시기 때문입니다. 하나님의 돌보심은 언제나 정확합니다. 하나님은 언제나 우리를 먹이고, 입히십니다. 하나님은 매 순간 내가 생존하는 데 필요한 것을 정확하게 주고 계십니다. 지금 내가 가진 그만큼이 내게 필요한 전부입니다. 하나님은 매일의 양식을 우리에게 주심으로써 우리를 살게 하시는 우리의 아버지이십니다.

이 진리를 아는 마음이 자족하는 마음입니다. 자족하는 마음은 지금 내가 살아가는 데 필요한 것을 하나님께서 주고 계신다는 신뢰이자 확신입니다. 자족하는 마음이 있으면 경건이 큰 유익이 됩니다.

3. 소유하려 하기보다 존재하려 하십시오.

딤전6:9-10은 청지기 의식이 없이 사는 사람, 자족하는 마음이 없는 사람이 어떻게 되는지를 설명합니다. 소유가 삶의 목표인 삶을 살면 근심하면서 멸망하는 길로 간다는 말입니다.

내가 돈의 관리자가 아니라 소유주라고 착각할 때 우리는 해소되지 않는 결핍감에 시달리기 시작합니다. 내가 삶의 주인이 되어 살아가면 바쁘게 살며 이것저것으로 채우고 이것저것을 가지는 데도 늘 부족하고, 모자랍니다. 마음이 늘 공허감에 시달립니다. 먹어도 배부르지 않고, 입어도 헐벗은 느낌입니다.

돈을 사랑함은 일만 악의 뿌리입니다. 많이 소유하려 하기보다 존재하려 하십시오. 청지기 의식을 가지고, 자족하는 마음으로 사십시오. 하나님을 주인으로 모시고, 하나님의 사람으로 존재하려 하십시오. 내가 주인이 되어 소유하려 하면 하나님의 형상이라는 영원한 나의 본질을 잃습니다. 그러나 하나님을 주인으로 모시는 사람으로 존재하면 영원과 풍성한 현재를 소유하게 됩니다. 소유보다 존재가 먼저입니다.

1. 세상에서의 물질적 유혹 속에서 그리스도인으로서 어떻게 정직하고 겸손하게 살아갈 수 있을지 나눠 봅시다.
2. 재물을 선한 일에 사용한다는 것은 무엇일까요?

성도,
최초의 공동체 가정을 세운다!

— 소그룹 인도 —

사도신경 : 다같이 | 찬송 : 559장(통 305) | 기도 : 회원 중 | 본문 말씀 : 골3:18-21
| 헌금 찬송 : 찬 235(통 222) | 헌금 기도 : 회원 중 | 주기도문 : 다같이

유명한 교육학자 이디스 쉐퍼는 "가정이란 인간 존재의 성장 장소
요, 삶의 보금자리요, 피난처요, 문화 창조의 중심지요, 기억의 박물
관이요, 인간관계가 출발하는 곳이요, 인간관계가 형성되는 곳이요,
신앙의 출발지요, 신앙이 완성되는 곳이다"라고 말했습니다. 그만큼
삶에서 정말 소중한 공동체가 가정입니다. 남편과 아내, 자녀로 이루
어진 가정은 성도가 믿음으로 일구어야 하는 최초의 공동체입니다.
우리의 가정은 어떤 가정이 되어야 할까요?

1. 하나님이 주인이 되시는 가정입니다.

가정 안에 갈등과 위기가 발생하는 원인은 가정의 구성원들이 자기가 중심이 되어 자기의 뜻을 주장하는 데 있습니다. 마틴 루터는 "이 세상의 모든 사람은 그들의 삶 속에 하나님을 소유하지 않으면 우상을 소유하게 된다"라고 말했습니다. 가정에서 내가 중심이 되면, 그 가정은 사탄과 죄가 지배하는 어둠의 세계가 됩니다.

가정의 갈등과 위기는 하나님을 가정의 주인으로 모시면 해결됩니다. 가정 구성원이 자기 생각을 내려놓고 가정의 주인이신 하나님의 뜻을 따를 때 가정의 갈등과 위기는 오히려 가정을 성장과 행복으로 이끄는 힘이 됩니다.

하나님이 주인이 되시는 가정이 되겠다고 결단하고 선언하십시오. 우리 가정의 주인은 하나님이시라고 선포하십시오. 갈등이 일어나고 위기가 찾아왔을 때, 가정의 주인이신 하나님께 엎드리십시오.

2. 사랑이 넘치는 가정입니다.

본문은 사랑이 넘치는 가정이 되는 방법을 가정 구성원 각자의 위치에서 설명합니다. 먼저 아내입니다. 아내의 위치에 있는 사람에게 사랑은 남편에게 복종하는 일입니다. 여기서 복종은 남성이라는 성에 굴종하는 게 아닙니다. 남편은 가장으로서 가정의 책임을 지는 자리에 있습니다. 남편에게 복종하라는 말은 남편을 가정의 머리 위치에 두신 하나님의 뜻을 인정하고, 그 권위에 순종하라는 말입니다.

다음으로 남편입니다. 남편의 위치에 있는 사람에게 사랑은 아내를 사랑하는 일입니다. 남편은 가장이라는 자신의 권위를 아내를 괴롭히는 일에 쓰지 말아야 합니다. 남편은 그리스도께서 희생으로 교회를 사랑하셨듯이, 최선의 희생과 봉사로 아내를 사랑해야 합니다.

마지막으로 부모와 자녀입니다. 부모의 위치에 있는 사람에게 사랑은 자녀에게 올바른 권위를 사용하는 일입니다. 부모는 자기가 가진 권위를 자녀를 자기 뜻대로 하는 일에 사용하지 말아야 합니다. 또 자녀의 위치에 있는 사람에게 사랑은 부모에게 순종하는 일입니다. 하나님은 부모에게 자녀를 양육하고 훈육하는 권위를 주셨습니다. 자녀는 부모에게 순종함으로써 하나님께 순종하는 법을 익혀야 합니다.

이렇게 각자의 자리에서 자기가 해야 할 사랑을 하면 그 가정은 하나님이 원하시는 가정이 됩니다.

3. 사명을 감당하는 가정입니다.

하나님의 창조 안에 가정이 있습니다. 하나님의 창조 의지가 가정을 세우셨습니다. 가정은 하나님의 창조 목적을 이루어야 하는 최초의 공동체입니다. 하나님이 이 세상을 창조하신 목적은 모든 피조물이 하나님을 찬양하고, 하나님께 영광을 돌리는 것입니다. 하나님께서 가정을 세우신 목적도 여기 있습니다. 가정이란 공동체가 존재하는 이유는 가정을 이루는 구성원이 서로 돕고 힘을 합하여 하나님의 창조 목적을 이루는 일에 있습니다.

모든 가정은 사명을 가지고 있습니다. 가정은 하나님이 주신 사명을 수행하는 공동체입니다. 가정은 남편과 아내, 부모와 자녀라는 자기 역할을 하면서 하나님의 창조 목적 실현이라는 방향을 향해 같이 걷는 사람들의 공동체입니다. 같이 신앙생활을 하며 사명을 발견하고, 사명에 집중하며, 사명을 향해 걸어가십시오. 행복을 추구하기보다 사명을 수행하십시오. 그러면 행복해집니다. 그 가정을 통해 하나님의 영광이 드러납니다.

나눔

1. 하나님이 주인 되신 가정을 세우기 위해 우리는 무엇을 실천해야 할까요?
2. 남편과 아내, 부모와 자녀 간의 사랑을 실천하는 구체적인 방법에 대해 서로 나누어 봅시다.

성도,
'더불어'의 가치를 실천한다!

─ 소그룹 인도 ─

사도신경 : 다같이 | 찬송 : 220장(통 278) | 기도 : 회원 중 | 본문 말씀 : 마22:39
| 헌금 찬송 : 찬 221(통 525) | 헌금 기도 : 회원 중 | 주기도문 : 다같이

우리는 관계 안에 태어나고, 살다가 죽습니다. 인간은 관계하는 존재입니다. 내가 존재하는 세계는 관계의 모음인 것이고, 관계가 촘촘히 얽혀 '내 삶'이라는 의미를 만들어 냅니다. 삶의 행복과 의미는 많은 것을 소유하는 일에 있지 않습니다. 의미 있는 관계를 만들고 유지하는 일에 있습니다.

삶의 이런 측면을 통찰하시는 예수님은 율법을 '하나님 사랑, 이웃 사랑'이라는 두 개의 근본 관계로 요약하셨습니다. '이웃 사랑' 역시 '하나님 사랑'처럼 중요하다고 말씀하셨습니다. 이 말은 타인과 '더불어'라는 삶의 가치를 추구하라는 뜻입니다. 오늘은 '더불어'라는 삶의 가치를 추구하는 신앙에 대해 생각해 봅니다.

1. 이웃과 화해하는 삶을 삽니다.

우리는 각자 성별, 국적, 자라온 환경, 기질, 성격, 취향, 생활 습관, 세계관 등 모든 면에서 다릅니다. 한 사람, 한 사람이 하나의 세계라고 말할 수 있을 만큼 우리는 각자 다른 면을 가지고 있습니다. 이러한 다양성은 우리의 삶과 세계를 풍성하게 하는 요인이기도 하지만, 한편으로는 이 세계와 우리의 삶에 갈등과 분쟁을 일으키는 원인입니다. 우리는 타인이 되기 전에는 결코 타인을 완전히 이해할 수 없기에 살아가면서 갈등과 분쟁은 피할 수 없는 일입니다. 갈등과 분쟁이 없는 인생은 없습니다. 그런 인생을 바라는 것은 비현실입니다.

하지만 우리는 이웃과 화해하는 삶을 살아야 합니다. 예수님은 이웃과 원치 않는 갈등과 긴장 관계에 있을 때 화해의 삶을 살라고 하셨습니다(마 5:23-24). 갈등하고 분쟁하던 이웃과 화해하는 일은 하나님이 받으시는 예배나 헌신과 같은 무게를 지닙니다. 이웃과 갈등과 분쟁 없이 살아갈 수는 없습니다. 그러나 예수님의 말씀처럼 끊임없이 화해를 추구해야 합니다. 이것이 '더불어'의 가치를 추구하는 삶입니다.

2. 말을 올바른 방향으로 사용합니다.

말은 관계를 유지하는 데 가장 중요한 도구입니다. 그러다보니 말은 관계를 해치고, 관계를 파국으로 이끄는 일에도 가장 큰 역할을 하는 요소가 되기도 합니다. 많은 관계가 말을 잘못 사용하는 데서 출발하여 갈등하다가 결국 파국에 이릅니다. 무심코 던진 말, 가시 돋친 말, 악한 의도에서 하는 말, 부적절한 말, 예의 없는 말, 폭언, 독설 등이 우리 삶의 기반인 관계를 허뭅니다. 우리가 잘못 사용하는 말이 내게 삶의 행복과 의미를 주어야 하는 관계를 내게 불행과 허무, 심지어 고통과 죽음을 주는 악의 근원으로 만들고 있습니다.

잠언 18:21은 "죽고 사는 것이 혀의 힘에 달렸나니 혀를 쓰기 좋아하는 자는 혀의 열매를 먹으리라"라고 교훈합니다. 말은 엄청난 힘을 가지고 있습니다. 말은 무형의 자원입니다. 어느 방향으로 사용하느냐에 따라 말은 남을 해치는 칼이 될 수도 있고, 남을 살리는 약이 될 수도 있습니다. '더불어'라는 가치를 추구하고, 지키는 방향으로 말을 사용하십시오. 타인에게 그를 존중하고 힘과 용기를 주는 말을 건네십시오.

3. 이웃에게 베풀고, 나누는 삶을 삽니다.

우리가 인식하지 못하고 살아갈 뿐 남에게 받지 않고 살아갈 수 있는 사람은 아무도 없습니다. 반대로 이 세상에서 남에게 줄 것을 가지지 않은 사람도 없습니다. 베풂과 나눔은 내가 줄 것이 많은 사람이라는 인생의 진리를 알아가라고 하나님이 주신 방법입니다. 베풀고 나누는 삶을 살면, 우리는 나라는 존재의 풍성함과 내가 가진 능력을 알 수 있습니다. 더 나아가 행복한 관계를 창조할 수 있습니다.

누가복음 10장에 나오는 '선한 사마리아인의 비유'는 성도가 해야 하는 베풂과 섬김의 성격을 잘 보여줍니다. 강도 만난 사람의 이웃은 사회에서 존경받는 위치에 있는 사람인 제사장이나 레위인이 아니었습니다. 어려움을 당한 이웃을 긍휼히 여겨 그에게 즉시 베풂과 나눔을 행한 사마리아인이었습니다.

성도는 이 시대의 사마리아인입니다. 우리가 베풀고 나눌 때, '더불어'라는 삶의 중요한 가치가 실현됩니다. 베풀고 나누는 삶으로 '더불어'라는 가치에 헌신하는 이 시대의 사마리아인이 되십시오.

1. 갈등과 오해가 생길 때, 그리스도인으로서 이웃과 화해하고 평화를 이루는 방법에 대해 나누어 봅시다.
2. 우리가 실생활에서 이웃에게 친절과 섬김을 실천했던 경험을 나누고, 앞으로 어떻게 더 이웃에게 다가갈 수 있을지 고민해 봅시다.

절대 잊지 말아야
할 것이 있다.

소그룹 인도

사도신경 : 다같이 | 찬송 : 413장(통 470) | 기도 : 회원 중 | 본문 말씀 : 신6:10-15
| 헌금 찬송 : 찬 407(통 465) | 헌금 기도 : 회원 중 | 주기도문 : 다같이

비록 평범하고 초라해 보이지만, 내 인생은 하나님이 내게 주신 약속의 땅입니다. 내 인생은 하나님의 인도와 하나님이 베푸시는 기적이 일어나는 현장입니다. 하나님은 우리에게 약속하시고, 주신 그 땅에서 하나님의 통치를 실현하십니다. 당신의 백성인 우리를 써서 하나님의 사랑과 공의를 드러내십니다. 게다가 하나님의 백성인 우리는 하나님이 내게 주신 약속의 땅에서 하나님의 통치에 순종하는 삶으로써 하나님의 백성이라는 나의 정체성을 실현해야 합니다. 여기에 내가 그토록 찾는 인생의 참 행복이 있습니다.

하나님의 백성인 우리가 하나님의 통치에 순종하는 방법은 잊지 않아야 할 것을 잊지 않는 것입니다. 우리가 절대 잊지 않아야 할 것은 무엇일까요?

1. 하나님의 은혜를 잊지 않아야 합니다.(신 8:11-14)

지금 내가 존재하는 것은 하나님의 은혜입니다. 내 힘으로 사는 것 같으나 내 힘으로 살고 있는 게 아닙니다. 하나님의 은혜가 나를 살아지게 하고 있습니다.

"하나님의 은혜로 살고 있다"라는 말은 내가 살아있는 일에 필요한 모든 것이 지금 내게 끊임없이 주어지고 있다는 말입니다. 나의 모든 걸 아시는 하나님께서 지금 내 필요를 채우고 계십니다. 하나님이 내가 지금 여기에 존재할 수 있도록 나를 붙들고 계십니다.

"내가 오늘 네게 명하는 여호와의 명령과 법도와 규례를 지키지 아니하고 네 하나님 여호와를 잊어버리지 않도록 삼갈지어다… 네 소유가 다 풍부하게 될 때에 네 마음이 교만하여 네 하나님 여호와를 잊어버릴까 염려하노라…(신 8:11-14)"

궁핍하든 부하든, 기쁨 가운데 있든 고통 가운데 있든, 어떤 상황이 되던 내가 하나님의 은혜로 살고 있다는 것을 잊어서는 안 됩니다. 하나님의 은혜를 잊지 않을 때, 내 삶은 기적으로 가득한 은총의 순간순간입니다.

2. 모든 상황에 임하는 하나님의 은혜를 잊지 말아야 합니다.

하나님께서 당신의 백성들이 하나님의 은혜를 잊지 말라고 주신 것이 절기입니다. 유대인의 3대 절기는 유월절, 장막절, 오순절입니다. 이 절기들은 하나님의 백성들이 잊지 말아야 할 하나님의 은혜가 무엇인지를 담고 있습니다.

유월절은 하나님께서 이스라엘 백성을 애굽에서 해방하신 은혜를 잊지 말라고 정하신 절기입니다.

장막절은 이스라엘이 광야생활을 하는 동안 하나님께서 그들에게 만나와 생수를 주신 은총을 잊지 말라고 정하신 절기입니다.

오순절은 하나님께서 오곡백과를 주신 은혜를 잊지 말라고 정하신 절기입니다.

이 3대 절기는 우리가 처한 모든 상황에 임하는 하나님의 은혜를 가리킵니다. 모든 상황에 임하는 하나님의 은혜를 잊어서는 안 됩니다.

3. 하나님의 은혜를 잊는 사람은 망합니다.(신 8:17-20)

감사하지 못하는 삶은 비극으로 끝납니다. 감사하지 못할 때 불평이 나오고, 타인에 대한 원망이 나오며, 불평과 원망은 가정과 사회에 불화를 일으킵니다. 하나님의 은혜를 잊는 사람이나 단체는 망합니다.

이스라엘이 하나님의 은혜를 잊었을 때, 그들은 그들이 경험한 홍해의 갈라짐이 얼마나 큰 기적인지를 잊었습니다. 날마다 경험하는 구름기둥과 불기둥, 메추라기와 생수가 기적이라는 걸 모르게 되었습니다.

그러자 그들은 불평과 원망에 사로잡혔고, 약속의 땅 가나안에 들어가지 못했습니다.

"그러나 네가 마음에 이르기를 내 능력과 내 손의 힘으로 내가 이 재물을 얻었다 말할 것이라. 네 하나님 여호와를 기억하라. 그가 네게 재물 얻을 능력을 주셨음이라..."(신 8:17-18)

하나님의 은혜를 잊지 않아야 합니다. 내 삶의 모든 것은 당연한 게 아니라 하나님이 은혜 주신 결과라는 걸 기억해야 합니다. 하나님의 은혜를 잊지 않을 때, 우리의 삶은 감사로 가득 채워집니다. 감사가 평범하고 초라해 보이는 내 삶을 기적이 가득한 삶으로 만들어 냅니다.

1. 은혜를 잊었을 때 생기는 문제는 무엇인가요?
2. 하나님의 은혜를 기억하고 그분의 축복을 잊지 않기 위해 일상 속에서 어떤 노력을 해야 하는지 나누어 봅시다.

본질로 돌아가기

┌─ 소그룹 인도 ─────────────────────────────
│ 사도신경 : 다같이 ｜ 찬송 : 252장(통 184) ｜ 기도 : 회원 중 ｜ 본문 말씀 : 롬3:21-24
│ ｜ 헌금 찬송 : 찬 295(통 417) ｜ 헌금 기도 : 회원 중 ｜ 주기도문 : 다같이

  종교개혁은 타락한 신앙에서 돌이켜 기독교 신앙의 본질과 성경으로 돌아가자는 신앙 운동입니다. 종교개혁에는 중요한 세 가지의 기본 주장이 있습니다. 이 주장은 기독교의 핵심 진리를 담고 있어 개신교회의 기둥이라고 불립니다. 건강한 교회, 건강한 성도로 서기 위해 기독교회를 지탱하는 기둥으로 자리 잡은 세 가지 진리가 무엇인지를 살펴봅니다.

1. 성경으로 돌아가자.

  종교개혁의 첫 번째 선언은 "우리의 신앙적 표준은 성경이다"라는 것입니다. 중세 가톨릭교회는 성경보다 교황의 권위가 더 높았습니다. 교황이 언급하면 그것이 최고의 권위요, 판단의 근거가 되었습니다.

종교개혁자들은 이러한 풍토에 반기를 들었습니다. 성경이 우리의 삶과 신앙을 지도하는 정확하고 무오한 하나님의 말씀이라고 선언했습니다. 완전무오한 성경 위에 그 어떤 것도 있어서는 안 된다는 것이었습니다.

성경은 인간에 의해 기록되었으나 인간의 책이 아닙니다. 성경은 성령님의 간섭하심으로 쓰인 하나님의 책으로서, 하나님이 인간의 구원을 위해 주신 계시를 담고 있습니다. 성경은 우리가 구원에 이르게 하는 지혜를 주는 책이고, 우리가 하나님의 자녀로서 세상에서 어떻게 살아야 하는지에 대한 원리를 가르쳐 주는 책입니다. 성경은 정확하고, 오류가 없습니다. 언제나 살아 움직입니다.

2. 구원은 오직 믿음으로

종교개혁의 두 번째 선언은 "우리는 오직 믿음으로 구원을 얻는다"입니다. 가톨릭교회도 예수를 믿어야 한다고 가르쳤습니다. 그러나 그들은 예수를 믿어도 교황이 내린 모든 명령을 지켜야 하며, 구원을 얻기 위해서는 성모 마리아와 사도들의 힘을 빌려야 한다고 가르쳤습니다. 또 그들에게 기도하며 선한 일을 해야 한다고 했습니다.

종교개혁자들은 이 가르침이 그릇되었다고 선언했습니다. 선한 일을 하지 말라는 게 아닙니다. 성경은 우리에게 선한 일을 하라고 합니다.

그러나 그것으로 구원을 얻으려는 게 아닙니다. 성도가 선한 일을 하는 이유는 그것이 하나님의 자녀들이 지닌 의무이기 때문입니다. 인간의 선행 이전에 하나님의 의가 있습니다. 구원은 오직 하나님이 주시는 선물인 믿음으로만 얻습니다. 인간이 구원을 얻는 자격은 인간이 선한 일을 행하여 생기는 의에 있지 않습니다. 하나님이 인간을 사랑하셔서 행한 일에서 생긴 의에 있습니다.

3. 성도는 다 제사장이다.

구약시대에는 하나님과 인간 사이에 제사장이 있었습니다. 사람들은 하나님 앞에 직접 나아가 죄 사함을 받지 못하고, 중재자 제사장을 통해 죄 사함을 받았습니다. 가톨릭교회는 이처럼 신부 앞에서 죄를 고백하고, 죄사함을 받아야 한다고 가르쳤습니다. 구약시대 제사장의 자리에 성직자가 있었습니다.

그러나 종교개혁자들은 대제사장이신 예수 그리스도가 십자가에서 죽으심으로 구약의 제사장 시대가 끝났음을 선포했습니다. 이제 누구나 하나님 앞에 담대히 나아가 예수님의 공로로 직접 죄 사함을 받고, 참된 평안과 구원을 받을 수 있습니다.

그리고 모든 성도가 제사장입니다. 베드로 사도는 '너희는 택한 백성이요 왕 같은 제사장(벧전 2:9)'이라고 했습니다. 이 말씀대로 종교개혁자들은 기독교 안에 차별직으로서의 성직은 없다고 선언했습니다. 성도는 모두 성직을 맡았습니다. 모든 성도는 성직자입니다. 모든 성도는 하나님과 세상 사이에서 제사장의 역할을 감당해야 합니다.

 1. '오직 믿음으로 구원받는다'는 진리가 우리의 삶에 어떤 영향을 미칠
까요?

2. '성도는 다 제사장이다'라는 말은 우리에게 어떤 사명을 주나요?

일꾼들을 보내주소서

소그룹 인도

사도신경 : 다같이 | 찬송 : 218장(통 369) | 기도 : 회원 중 | 본문 말씀 : 마9:35-38
| 헌금 찬송 : 찬 315(통 512) | 헌금 기도 : 회원 중 | 주기도문 : 다같이

우리가 속한 교단은 '예수교대한성결교회'입니다. 교단의 미래는 개 교회를 섬기고 이끌어 갈 교단의 지도자들, 곧 목회자들을 잘 길러내는 일에 달려 있습니다. 목회자가 달라지면 교회가 달라집니다. 목회자의 수준이 교단의 수준입니다. 목회자의 실력이 교단이 미래를 결정합니다. 진정한 의미에서 장자 교단은 교회 수가 많은 교단이 아니라 하나님이 바라시는 목회자가 많은 교단입니다.

우리는 교단의 목회자들을 길러내는 일에 힘을 모아야 합니다. 이는 우리 교단의 미래를 준비하는 일이며, 앞으로 급격한 변화와 직면할 한국교회의 미래를 준비하는 일이기 때문입니다.

1. 지금도 많은 사람이 죄로 고통당하고 있습니다.

예수님은 천국복음을 전파하고, 가르치며, 병을 고치시는 예수님을 보고 모인 무리를 보시고 불쌍히 여기셨습니다. 고생하며 기진하는 무리를 보시는 예수님의 마음은 긍휼로 가득 찼습니다. 이 긍휼이 주인에게 추수할 일꾼을 보내 달라고 요청하라는 권면으로 이어지고 있습니다.

교단의 목회자를 길러내는 일은 당장은 나와 상관 없는 일입니다. 그러나 이 일에 우리가 힘을 모아야 하는 이유는 지금 많은 사람이 고생하며 힘쓰고 있기 때문입니다. 교회가 존재하는 목적은 죄로 신음하며 죽어가는 사람을 살리기 위해서입니다. 이 일에 목회자는 최전방에서 활동합니다. 목회자는 예수님의 긍휼로 죄로 신음하며 죽어가는 사람을 섬기는 일을 하는 사람입니다. 따라서 목회자를 길러내는 일에 힘을 모으는 것은 성도라면 누구나 맡은 복음 전파의 사명을 감당하는 일이 됩니다.

지금도 많은 사람이 죄로 고통당하고 기진합니다. 지금 이 세상에는 이들을 섬길 목회자가 필요합니다.

2. 참 목자가 필요합니다.

예수님이 무리를 보시고 긍휼히 여기신 이유는 그들이 목자 없는 양과 같이 고생하기 때문입니다. 당시 이스라엘에는 종교 지도자들이 있었습니다. 그러나 그들은 백성을 돌보지 않았습니다. 오히려 율법

준수를 강요하여 백성들이 무거운 종교적 짐을 지게 했고, 그릇된 성경해석으로 백성들의 삶을 바른 길로 인도하지 못했습니다. 그들은 백성들에게 목자가 되지 못했습니다. 그들은 형식화되고 제도화된 종교 시스템 안에 자리 잡고 백성들을 착취하며 자기 이익만을 챙기고 있었습니다.

지금도 이 세상에는 목자가 없습니다. 직업이 종교가인 사람은 많으나, 예수님의 마음을 가진 목자는 적습니다. 긍휼로 영혼을 돌보고, 올바르게 성경을 가르치고 삶의 바른길을 가리키는 목자를 찾아보기가 어렵습니다. 지금 이 세상에는 예수님이 가신 길을 걸으며 영혼들을 섬길 참 목자가 필요합니다.

3. 일꾼을 보내어 주시도록 요청합시다.

예수님은 주인에게 일꾼을 보내 달라 요청하라고 하십니다. 먼저 이 말을 직접 듣고 있는 제자들에게는 네가 하나님이 찾으시는 일꾼이 되라는 권면입니다. 또 시간을 한참 건너 이 말씀을 듣는 우리에게는 일꾼이 적다고 탄식만 하지 말고, 일꾼을 기르는 일에 적극적이고 능동적으로 힘을 모으라는 말입니다.

지금 이 세상에는 예수님의 마음을 가진 목회자, 참 목자의 역할을 할 목회자가 많이 필요합니다. 그런데 참 목자, 좋은 일꾼이 적습니다. 일꾼이 없고, 일꾼이 적다고 탄식만 하지 말고 일꾼을 기르는 일에 적극적으로 힘을 모읍시다. 이것이 주인에게 일꾼을 보내 달라고 요청하라는 예수님의 말씀에 순종하는 방법입니다. 우리 교단에서 목회자를 배출하는 기관인 신학교와 교수님들을 위해 기도해 주십시오. 학교가 발전하는 일에 협조하고, 힘을 모아주십시오. 우리의 순종이 우리교단과 한국교회의 미래를 바꿀 것입니다.

나눔

1. 예수님께서 군중을 '목자 없는 양'처럼 보신 이유는 무엇일까요?
2. 신학교에서 훈련받는 목회자들이 소명과 사명을 잘 감당할 수 있도록 우리가 할 수 있는 기도와 지원의 방법에 대해 나누어 봅시다.

거룩한 사람...
열매가 일상에 맺히다.

.

┌─ 소그룹 인도 ─────────────────────────────

사도신경 : 다같이 | 찬송 : 40장(통 43) | 기도 : 회원 중 | 본문 말씀 : 갈5:22-24
 | 헌금 찬송 : 찬 288(통 204) | 헌금 기도 : 회원 중 | 주기도문 : 다같이

성령님은 우리를 거듭나게 하시고, 우리가 하나님을 아버지로 부를
수 있게 하시는 하나님의 영입니다. 성령님은 우리를 구원한 복음의
원리를 우리가 우리의 일상에도 적용하도록 도우시는 생활의 영이십
니다. 성령의 인도를 따라 살면 우리 삶은 매우 구체적이고, 현실적인
신앙의 현장이 됩니다. 성령님의 인도에 순종하면 교회 안에서만이
아니라 일상에서도 예수님의 성품을 닮아갑니다. 점점 자라서 예수님
을 닮은 거룩한 사람이 됩니다. 내 삶에 성령의 열매가 맺힙니다. 성
령님의 인도를 따라 살아갈 때 맺히는 열매에는 어떤 열매들이 있습
니까?

1. 하나님을 향한 열매입니다.

첫째, 사랑(롬 15:30)입니다. 하나님의 대표적인 성품이 사랑이고 (요일 4:9), 서로 사랑은 예수님이 주신 새 계명입니다(요 13:34). 하나님의 자녀에게는 성령으로 말미암아 하나님의 사랑이 부어지고(롬 5:5), 그 사랑이 우리를 하나님의 뜻에 맞게 살라고 강권하십니다(고후 5:14).

둘째는, 희락(기쁨; 잠 7:18)입니다. 진정한 기쁨이 사라진 이 시대에(애 1:12) 예수님은 만민의 기쁨이 되시려고 이 땅에 오셨습니다 (눅 2:10). 성도는 이 기쁜 소식을 듣고 구원을 얻은 사람이고, 이 기쁜 소식을 온 누리에 전하는 사람입니다. 그래서 복음이 있고, 복음이 전해지는 곳에는 기쁨이 넘칩니다.

셋째는, 화평(롬 5:1)입니다. 하나님이 계시지 않는 우리 마음은 여러 생각과 감정이 뒤섞이는 전쟁터입니다. 우리 마음은 늘 시끄럽습니다. 그러나 성령이 오시면 우리 마음은 화평으로 채워집니다.

2. 이웃을 향한 열매입니다.

첫째, 오래 참음(골 1:11)입니다. 인생은 반응의 연속입니다. 내가 좋아하는 것의 반응도 있지만 반대로 마음에 들지 않는 사람과 상황에 대한 반응도 섞여 있습니다. 문제는 마음에 들지 않는 사람과 상황에 직면할 때입니다. 성령이 충만하여 성령을 따라 살아갈 때 우리는 내 마음에 들지 않는 사람을 만나고 내 맘에 들지 않는 상황에 있더라도 오래 참을 수 있습니다.

둘째, 자비(빌 2:1)입니다. 자비는 하나님의 성품으로서(신 4:31) 상대를 향한 부드럽고 인자한 마음입니다. 하나님은 죄인인 우리를 내치지 않고, 자비로 대하셨습니다. 성령이 오시면 우리는 하나님의 자비를 체험하고, 하나님이 내게 하셨듯이 이웃에게 자비를 베풉니다.

셋째, 양선(엡 5:9)입니다. 양선은 단순히 마음이 부드러운 것을 넘어 적극적으로 선을 행하는 상태입니다. 성령님의 통치를 받으면 생활에서 선을 행하여 이웃에게 유익을 끼칩니다.

넷째, 충성(딛 2:10)입니다. 믿음과 충성은 같은 어근에서 나왔습니다. 충성은 곧 하나님을 향한 믿음입니다(롬 12:3; 고전 12:9). 성령님을 따르면 하나님께 충성하게 되는데, 충성은 내 이웃을 사랑하고 섬기는 행동으로 나타납니다.

3. 자신을 향한 열매입니다.

첫째, 온유(마 11:29)입니다. 온유는 회개와 겸손에서 나오는 부드러운 심성으로서 내가 구원받았다는 표식입니다. 온유는 사람이 가진 기질이 아니라 사람이 그리스도와 끊임없이 연결되어 있어 그리스도의 성품과 일치할 때 생겨나는 성품입니다. 성령님을 따라 살면 온유한 사람으로 살게 됩니다.

둘째, 절제(벧후 1:5-7)입니다. 절제는 자제를 뜻합니다. 하나님이 원하시는 방식대로 살아가려고 하나님을 알기 전에 가졌던 생활방식을 자제하는 것입니다. 성령님의 인도를 따르면 정욕과 욕심을 십자가에 못 박게 됩니다. 이전 생활방식대로 살아가는 일을 자제함으로써 육체의 열매인 술 취함과 방탕(갈 5:21)으로부터 멀어집니다.

나눔
1. 자신을 향한 성령의 열매 중에서 나에게 가장 필요한 열매는 무엇일까요?
2. 이웃을 향한 성령의 열매를 실천하는 구체적인 방법은 무엇일까요?

PART/ 06

온 땅이여,
구원받은 그대여!

사도신경 : 다같이 | 찬송 : 40장(통 43) | 기도 : 회원 중 | 본문 말씀 : 시100:1-5
| 헌금 찬송 : 찬 407(통 465) | 헌금 기도 : 회원 중 | 주기도문 : 다같이

시편 100편은 '감사의 시'라는 표제가 붙은 시입니다. 예배자들이 감사의 예물을 하나님께 봉헌하기 위해 성전으로 나아갈 때 불렀던 감사 찬송입니다. 시인은 매우 간결하면서도 정선된 언어로 하나님을 찬양합니다. 이 시는 예배자가 느끼는 기쁨과 감사로 가득합니다. 하나님은 우리를 예배자로 부르셨습니다. 우리는 예배자입니다. 이 시는 평생 예배자로 살아야 하는 우리가 어떻게 하나님께 예배해야 하는지를 말하고 있습니다.

1. 내가 예배하는 분은 창조주 하나님이십니다.

시인은 1절에서 "온 땅이여 여호와께 즐거운 찬송을 부를지어다"라고 노래합니다. '온 땅'은 열방의 모든 백성을 가리킵니다. 하나님을 섬기는 일은 하나님의 백성인 이스라엘에만 해야 할 일이 아닙니다. 온 세계와 모든 사람이 하나님을 섬겨야 합니다(시 96:1; 150:6). 하나님은 창조주이시고(시 96:5), 하나님의 통치는 열방에 미치며(시 96:3-4), 하나님의 구원은 이방인도 포함하기 때문입니다(시 96:2).

내가 예배하는 분은 온 땅이 예배해야 할 창조주이십니다. 하나님과 예배자인 내가 '창조주와 피조물, 왕과 백성, 목자와 양'의 관계를 맺고 있습니다(3절). 모든 존재가 섬겨야 할 위대한 하나님께서 나와 의미 있는 관계 안에 계십니다. 이 사랑을 기억하며 창조주 하나님께 예배하십시오.

2. 기쁨과 감사와 찬송으로 하나님을 예배하십시오.

시인은 '기쁨으로(2절), 감사함으로(4절), 찬송함으로(4절)' 하나님을 섬겨야 한다고 합니다. 여기 나오는 기쁨과 감사와 찬송은 예배하는 시인과 깊이 연결되어 있습니다. 시인은 하나님을 섬기기 위해 '기쁨으로' 집에서 출발했을 것이고, '감사함으로' 예루살렘 성문을 통과했을 것이며, '찬송함으로' 하나님이 임재하신 성소를 향해 나아갔을 것입니다. 기쁨과 감사, 찬송이 창조주 하나님을 예배하는 일에 드려지고 있습니다.

하나님은 지금도 참으로 예배하는 자들을 찾으십니다(요 4:23). 이 거룩한 요청을 받는 우리가 하나님께 예배할 때 사용할 것이 바로 기쁨과 감사와 찬송입니다. 하나님께 예배할 때마다 내게 이 3가지가 있는지를 점검합시다. "나는 내가 구원받은 사실을 기뻐하는가? 나는 하나님이 주신 은혜와 복에 얼마나 감사하는가? 나는 지금 열정과 진심으로 하나님을 찬송하는가?"

3. 하나님의 선하심이 우리가 하나님을 예배하는 이유입니다.

시인은 소리 높여 찬양합니다. "여호와는 선하시니 그의 인자하심이 영원하고 그의 성실하심이 대대에 이르리로다!(5절)" 시인은 온 땅이 창조주 하나님을 섬겨야 할 분명한 이유를 제시합니다. 하나님은 선하십니다. 하나님의 선하심은 피조물을 사랑으로 품는 인자하심과 성실하심으로 드러납니다. 시인은 영원히 이어질 하나님의 선하심과 인자하심, 성실하심을 송축하자고 말합니다.

우리가 하나님을 예배하는 이유는 하나님께서 선하시기 때문입니다. 하나님과 우리의 관계에서 하나님의 선하심은 우리를 대하시는 방식에서 드러납니다. 우리는 죄인입니다. 우리에겐 하나님의 사랑을 받을 자격과 조건이 없습니다. 우리는 구원이란 것을 받을 수 없는 무자격자입니다. 하나님이 이런 우리를 사랑하셨습니다. 하나님의 이 사랑은 인자하심으로 우리에게 나타났는데, 이 인자하심은 하나님이 우리를 조건 없이 사랑하시어 구원하시겠다는 약속으로 우리에게 주어졌습니다. 하나님은 과거에도 그 약속을 지키셨고, 지금도 지키고 계시며, 앞으로도 지키실 것입니다. 하나님은 언제나 우리에게 하신 당신의 약속을 지키실 것입니다. 이것이 하나님의 성실하심입니다. 인자하심과 성실하심으로 구체적으로 표현되는 하나님의 선하심! 이것이 우리가 하나님을 예배해야 하는 이유입니다.

하나님의 사랑이라는 한마디 말로 표현될 하나님의 선하심, 인자하심과 성실하심을 기억합니다. 말할 수 없는 기쁨과 우러나오는 감사가 솟구칩니다. 아, 우리는 지금 하나님을 예배하고 있습니다.

나눔

1. 우리가 기쁨과 감사로 하나님을 섬길 때 어떤 변화가 있을까요?
2. 하나님의 선하심과 성실하심을 삶 속에서 경험했던 순간을 나누고, 그것을 기억하며 어떻게 하나님께 감사할 수 있을지 이야기해 봅시다.

모든 상황 속에서
하나님을 향해 서라

┌─ 소그룹 인도 ─
│ 사도신경 : 다같이 | 찬송 : 543장(통 342) | 기도 : 회원 중 | 본문 말씀 : 골3:15-17
│ | 헌금 찬송 : 찬 304(통 404) | 헌금 기도 : 회원 중 | 주기도문 : 다같이

본문은 바울의 신앙 권면입니다. 각 구절에 '감사'가 나오는 점이 눈에 띕니다. 바울은 그리스도의 평강, 그리스도의 말씀, 그리스도의 이름과 관련하여 감사를 언급합니다. 감사가 이 세 가지와 뗄 수 없는 관계에 있다는 암시입니다. 그리스도인의 특징 중 하나가 '감사'입니다. 성숙한 그리스도인은 감사로써 내가 하나님의 사랑을 입은 존재라는 사실을 드러냅니다. 우리가 어떤 환경 가운데서도 감사하는 능력은 어디서 나올까요?

1. 그리스도의 평강에서 감사의 능력이 나옵니다.

바울은 "그리스도의 평강이 너희 마음을 주장하게 하라. 너희는 평강을 위하여 한 몸으로 부르심을 받았나니 너희는 또한 감사하는 자가 되라(15절)"라고 권면합니다. 그리스도께서 우리를 부르신 목적은 우리와 한 몸을 이루어 우리가 평강을 누리게 하시기 위함입니다. 우리가 한 몸으로 불렸다는 말은 누구나 그리스도의 평강을 누릴 수 있다는 의미입니다. 그리스도는 십자가에 죽으심으로써 우리의 화평이 되셨습니다(엡 2:14). 우리에게 평강을 주시고(요 14:27), 누리게 하셨습니다(요 16:33). 그리고 우리도 그리스도처럼 화평하게 하는 자가 되라고 하셨습니다(마 5:9).

인간의 힘으로는 결코 평강을 누릴 수 없습니다. 이런 절망적인 상황에서 예수님의 희생으로 시작된 평강이 내게 건너와서 너에게로 이어집니다. 평강이 점차 커져갑니다. 언제가 이 세상은 평강으로 가득한 평화로운 세상이 될 것입니다. 예수님으로 시작된 평강이 우리에게까지 온다는 것을 알 때, 우리는 모든 상황을 뛰어넘어 감사할 수 있습니다.

2. 그리스도의 말씀에서 감사의 능력이 나옵니다.

바울은 '그리스도의 말씀이 너희 속에 풍성히 거하여 모든 지혜로 피차 가르치며 권면하고 시와 찬송과 신령한 노래를 부르며 감사하는 마음으로 하나님을 찬양하고(16절)'라 했습니다. 두려움과 절망으로 가득한 마음, 하나님이 계시지 않으므로 텅 빈 마음에서는 감사가 나올 수 없습니다. 감사는 사랑과 희망으로 가득한 마음, 하나님이 계시기에 가득 채워진 마음에서 나옵니다.

 내 마음이 이런 상태가 되려면 내 안에 하나님의 말씀이 있어야 합니다. 하나님의 말씀이 우리 안에 있을 때, 우리는 차츰 내게 말씀을 주시고 나와 관계하시는 하나님을 알아갑니다. 하나님을 알아가는 만큼 나와 내 삶에 대해서도 알아갑니다. 그러면 나와 내 삶이 온통 하나님의 사랑, 하나님이 주시는 은혜로 가득 채워졌다는 것을 알게 됩니다. 놀라운 발견입니다. 나를 압도하는 이 경이로움으로 내 마음이 가득 채워질 때, 자연스레 하나님을 대상으로 나오는 감정이 감사입니다. 감사는 찬양으로 이어져 하나님을 영화롭게 합니다. 이처럼 감사는 그리스도의 말씀에서 나옵니다.

3. 그리스도의 이름을 의지할 때 감사의 능력이 나옵니다.

 바울은 "무엇을 하든지 말에나 일에나 다 주 예수의 이름으로 하고 그를 힘입어 하나님 아버지께 감사하라(17절)"고 권면합니다. 예수님의 희생이 나를 새로 태어나게 했습니다. 예수님이 십자가에서 돌아가심으로써 나는 새로운 생각과 새로운 말, 새로운 일을 하는 존재가 되었습니다. 예수님 때문에 나는 새 삶을 시작하였습니다. 예수님이 나를 죽기까지 사랑하셨기에 나는 전과 다른 방식으로 사는 사람이 되었습니다. 내가 이제 죽음을 두려워하지 않고, 영원과 이어지는 참된 삶을 살게 된 것은 나를 위해 죽어주신 예수님 때문입니다. 그러므로 성도에게 '예수'란 이름은 단순한 호칭이 아닙니다. 나의 전부이고, 능력입니다. 내게서 능력이 나가는 통로입니다(행 3:6-8). 기도가 응답된다는 확신으로 기도할 수 있는 이유입니다(요 14:13-14).

우리가 예수의 이름을 의지할 때, 우린 내가 엄청난 사랑을 입은 존재란 걸 알게 됩니다. 내가 하나님이 맡기신 일을 할 수 있는 능력자라는 사실이 가슴으로 믿어집니다. 이 앎에서 나오는 감격이 내가 하나님을 향해 서게 합니다. 그것이 감사입니다.

1. 그리스도의 말씀이 우리의 삶 속에 풍성히 거하는 방법은 무엇일까요?
2. 일상에서 예수님의 이름을 의지하며 말하고 행동하는 방법에 대해 나누고, 그 과정에서 얻게 되는 감사의 경험을 이야기해 봅시다.

내게 주신 기쁨이
너의 기쁨이 되고

소그룹 인도

사도신경 : 다같이 | 찬송 : 438장(통 495) | 기도 : 회원 중 | 본문 말씀 : 눅1:8-25
| 헌금 찬송 : 찬 50(통 71) | 헌금 기도 : 회원 중 | 주기도문 : 다같이

우리 삶을 풍요롭게 하는 감정 중의 하나가 기쁨입니다. 솟아나는 기쁨은 행복한 삶을 살고 있다는 지표입니다. 누구나 기쁨으로 가득한 삶을 살려 합니다. 하나님도 우리에게 항상 기뻐하라고 하십니다. 그러나 바람만큼 기쁨을 누리는 삶을 사는 일이 쉽지는 않습니다. 우리는 어떻게 기쁜 삶을 살아갈 수 있을까요?

1. 세상이 주는 기쁨은 얼마 있지 않아 사라집니다.

보통 사람들은 세상에서 많은 사람이 갖기를 원하는 것을 소유하는 방법으로 기쁨을 얻으려 합니다. 사람들이 내가 가지게 되면 기쁠 것이라고 추구하는 것들로는 물질, 명예와 권세, 인기 등이 있습니다. 그러나 그것들을 가지는 일은 쉽지 않습니다. 설령 어렵게 그것들을 가진다고 해도 기쁨은 잠시 내게 머물 뿐, 얼마 있지 않다가 사라집니다. 일찍이 인간의 부귀영화를 다 누려본 현자 솔로몬 왕은 인생의 이런 본질을 간파했습니다. 해 아래 수고하는 인간의 모든 수고가 유익한 것이 없고, 모든 것이 헛되다고 고백했습니다(전 1:2).

기쁜 삶을 바라는 우리가 첫 번째로 알아야 할 것은 세상에서 얻는 기쁨, 세상이 주는 기쁨은 얼마 있지 않다가 사라진다는 사실입니다. 세상이 주는 기쁨은 영원한 것이 아닙니다. 세상에서 인생의 기쁨을 구하지 마십시오. 헛된 수고와 갈증만 더해질 뿐입니다.

2. 하나님이 주시는 기쁨은 사라지지 않습니다.

유대 사회에서는 여인이 자녀를 낳지 못하는 것을 큰 수치로 여겼습니다. 그런 사회에서 엘리사벳은 아이를 낳지 못했고, 어느덧 임신이 절대 불가능한 나이가 되었습니다. 그런데 하나님이 사가랴와 엘리사벳의 간절한 기도를 들으시고 아들을 주시겠다고 약속하십니다. 아이의 임신과 출생을 알리러 온 천사는 사가랴에게 이 아이의 출생은 그와 많은 사람의 기쁨이 될 것이라고 합니다. 요한은 장차 하나님의 뜻대로 이스라엘 자손을 하나님께로 많이 돌아오게 하는 삶을 살 것이기 때문입니다.

하나님이 사가랴와 엘리사벳에게 주신 기쁨은 잠깐 있다가 사라지지 않았습니다. 그들에게 주신 기쁨은 아들 요한을 넘어 이스라엘, 더 나아가 인류의 기쁨이 되었습니다. 하나님이 주신 기쁨은 사라지지 않고 지금까지 이어져 오고 있으며, 앞으로도 예수님을 구주로 고백하는 사람들에게까지 이어질 것입니다.

하나님은 늘 사랑으로 인간에게 먼저 찾아오십니다. 우리의 죄를 용서하여 구원하시고 인격적 관계를 맺으시며, 그를 통해 이루실 하나님의 뜻을 말씀하십니다. 그리고 이 약속을 이루어 가십니다. 여기에 인생의 진정한 기쁨이 있습니다. 내가 죄인에서 의인으로 신분이 바뀐 기쁨, 죽음에서 영생으로 옮겨진 기쁨입니다. 하나님이 주신 이 기쁨은 삶의 조건이 달라지더라도 변함없이 우리 안에 존재합니다.

3. 성도는 기쁨을 누리며 살아가는 존재입니다.

오순절에 성령의 오심으로 예루살렘에서 시작된 교회는 하나님이 주신 기쁨이 가득한 교회였습니다. 회개하고 복음을 믿어 예수님의 제자가 된 사람들 안에는 기쁨이 가득했고, 그 기쁨은 그들이 이전과는 전혀 다른 삶의 방식으로 살아가게 했습니다. 그들은 서로 교제하며 떡을 떼고 기도하기를 힘썼습니다. 더불어 살며 재산과 소유를 팔아 각 사람의 필요에 따라 나눠 썼고, 날마다 마음을 같이 하여 성전에 모이기를 힘쓰며 나눔을 실천하였습니다. 기쁨이 가득한 그들은 하나님을 찬양하는 신앙과 인격으로 온 백성에게 칭송받았고, 그 기쁨은 다른 사람에게 옮겨가며 점점 커 갔습니다.

거듭나면 성도가 되고, 성도가 되면 하나님이 주신 영원한 기쁨을 가지게 됩니다. 거듭난 뒤 성도 안에 자리하는 이 영원한 기쁨이 내 삶을 바꿉니다. 그리고 달라진 나를 통해 너를 바꾸어 냅니다. 이렇게 내 안에 있던 기쁨은 멈추지 않고 밖으로 흘러가며 점점 커집니다. 성도는 평생 기쁨을 누리며 사는 복된 존재입니다.

1. 기도 응답에서 오는 기쁨을 경험한 적이 있나요?
2. 성령의 소욕대로 살 때 경험할 수 있는 기쁨에 대해 이야기해 보고, 어떻게 하면 그 기쁨을 삶 속에서 지속적으로 누릴 수 있을지 나누어 봅시다.

나눔으로 기억하기,
잊지 않기(추수감사절)

소그룹 인도

사도신경 : 다같이 | 찬송 : 304장(통 404) | 기도 : 회원 중 | 본문 말씀 : 신 8:11-20

| 헌금 찬송 : 찬 310(통 410) | 헌금 기도 : 회원 중 | 주기도문 : 다같이

하나님은 우리를 위해 놀랍고 위대한 일을 하셨습니다. 그 일 때문에 우리는 의인이 되었고, 영원히 죽지 않는 생명을 얻게 되었습니다. 기독교 신앙은 눈이 열려 하나님이 나를 위해 하신 이 놀랍고 위대한 일을 보게 될 때 시작됩니다. 귀가 열려 "나는 너를 사랑한다"라는 하나님의 음성이 들릴 때가 내가 거듭나는 순간입니다. 그래서 기독교 신앙은 하나님이 나를 위해 하신 놀랍고 위대한 일을 '기억하기, 잊지 않기'입니다. 하나님이 나를 위해 하신 놀랍고 위대한 일을 기억하고, 잊지 않는 삶은 어떤 삶일까요? 오늘은 이 물음으로 말씀 나눔을 시작합니다.

1. 하나님께 감사합니다.

하나님의 백성 이스라엘에게 하나님이 요청하시는 것 중의 하나가 하나님이 이스라엘에게 베푸신 일에 대한 반응입니다. 이 반응을 우리는 감사라고 합니다. 본문에서는 '감사하라'는 하나님의 요청이 '나를 잊지 말라(11절), 네 하나님 여호와를 기억하라(18절)'라는 명령으로 나오고 있습니다.

이스라엘이 감사해야 하는 까닭은 감사가 이스라엘을 가나안에서 멸망하지 않도록 하는 힘이 되기 때문입니다. 이스라엘이 이집트에서 나와 광야를 거쳐 가나안에 들어간 것은 이스라엘의 힘으로 된 일이 아닙니다. 하나님의 인도와 도우심으로 된 일입니다. 이 사실을 아는 겸손이 이스라엘이 가나안에서 멸망하지 않는 삶을 살게 합니다. 인간의 나약함을 알고 하나님을 신뢰하는 믿음이 이스라엘이 가짜 신 우상이 아니라 참 신 하나님을 섬기게 합니다.

하나님이 나를 위해 하신 놀랍고 위대한 일을 기억하는 일은 하나님께 감사하는 것입니다. 감사가 내 삶을 지킵니다.

2. 하나님의 신실하심에 감사합니다.

하나님은 이스라엘을 애굽에서 나오게 하셨습니다. 하나님은 이스라엘이 광대하고 위험한 광야를 건너는 동안 주리고 목마르지 않게 하셨습니다. 이 일들은 모두 인간의 관점에서 볼 때는 불가능한 일이었는데, 하나님이 이 일을 가능하게 하셨습니다.

이 놀랍고 위대한 일이 일어날 수 있었던 것은 하나님이 이스라엘의 조상들에게 하신 약속을 지키셨기 때문이었습니다. 하나님은 이스라엘의 조상들에게 인류 구원을 약속하셨고, 그 약속을 신실하게 지키셨습니다. 하나님은 애굽을 나와 광야를 지나는 이스라엘을 만나와 메추라기로 먹이셨고(3, 16절), 40년 동안 옷이 해지거나 발이 부르트지 않게 하셨으며(4절), 반석에서 물이 나게 하셨습니다(15절).

우리가 하나님께 감사해야 하는 이유는 하나님께서 지금도 인류에게 주신 구원의 약속을 신실하게 지키고 계시기 때문입니다. 하나님의 신실하심이 나를 구원했습니다. 하나님의 신실하심이 내가 지금 여기에 살아있게 합니다. 하나님의 신실하심이 평범한 내 일상이 약속의 땅 가나안이 되게 합니다. 우리는 하나님의 신실하심에 감사해야 합니다.

3. 나눔으로 감사를 표현합니다.

이스라엘 사람들은 하나님의 명령에 따라 여호와를 기억하며 감사의 절기를 보냈습니다. 그들은 절기가 되면 가족은 물론 사회의 약자인 노비, 성 안에 사는 레위인, 나그네와 고아, 과부들과 함께 절기를 지켰습니다(신 16:14). 하나님이 택하신 장소에 모여(신 16:15), 하나님께 빈손으로 나오지 않고 하나님께서 주신 복을 따라 그 힘대로 예물을 드리며 감사절을 지켰습니다(신 16:17). 그들의 감사는 하나님이 주신 것을 이웃과 나누는 일이었습니다. 그들의 감사절은 나눔의 잔치였습니다.

우리의 감사절도 나눔의 잔치여야 합니다. 하나님은 우리에게 놀랍고 위대한 일을 행하셨습니다. 우리에게 넘치도록 부어주셨습니다. 우리의 감사절은 먼저 이 일을 행하신 하나님께 대한 감사로 채워져야 합니다. 그리고 하나님이 주신 것을 이웃과 나누는 잔치가 되어야 합니다.

1. 하나님을 기억하며 감사하는 것은 왜 중요할까요?
2. 추수감사절을 맞이하여 이웃과 함께 감사를 나누고, 우리의 감사가 삶 속에서 어떻게 실천될 수 있을지 이야기해 봅시다.

고난 안에 감사가 있다.

┌─ 소그룹 인도 ─

사도신경 : 다같이 | 찬송 : 337장(통 363) | 기도 : 회원 중 | 본문 말씀 : 살후1:1-12
| 헌금 찬송 : 찬 321(통 351) | 헌금 기도 : 회원 중 | 주기도문 : 다같이

우리 삶에는 고난이 있습니다. 삶을 돌아보면 언제나 고난이 있었습니다. 고난이 없었던 때는 없습니다. 따라서 고난이 없는 삶의 추구는 현실 회피입니다. 고난이 없는 삶을 바라는 것은 비현실입니다. 기독교 신앙은 고난 없는 삶을 바라고, 고난 없는 삶을 추구하는 게 아닙니다. 늘 우리 삶에 있는 고난을 믿음의 관점에서 바라보고, 해석하여 반응하는 일입니다. 그런데 감사한 것은 믿음이 고난을 기회로 만들고, 믿음의 반응이 우리를 성숙하게 합니다. 고난 속에서 믿음으로 반응할 때, 하나님이 영광을 받으십니다. 오늘은 우리가 어떻게 고난에 믿음으로 반응해야 하는지를 생각해 봅니다.

1. 성도도 고난을 받습니다.

바울 일행은 마게도냐의 수도인 데살로니가로 2차 전도 여행을 갑니다. 거기서 전도하여 바울 일행은 다수의 결신자를 얻었습니다. 그러나 유대인들의 반대와 저항도 심하게 받았습니다. 바울과 실라의 신변을 걱정한 교인들이 밤중에 바울 일행을 서쪽에 있는 베뢰아로 피신시켜야 할 정도였습니다. 바울이 데살로니가에서 전도하며 머문 기간은 3주로 짧았으나 교회가 세워졌는데, 그것이 데살로니가교회입니다. 이후 데살로니가교회는 여러 교회의 자랑이 될 정도로 성장하여 바울을 기쁘게 합니다.

그런데 이렇게 모범적이고 훌륭하게 신앙생활을 하는 데살로니가교회의 성도들이 마주하는 현실은 박해와 핍박이었습니다. 그들이 잘못한 일은 없었습니다. 그들이 한 일은 바울의 전도를 받아 복음을 믿고, 예수 그리스도를 주로 고백한 일이었습니다. 하지만 이 일이 원인이 되어 그들은 박해와 핍박을 받았습니다.

성도도 고난을 받습니다. 성도라고 하여 고난이 피해가지 않습니다. 성도라고 해서 고난이 없는 것이 아닙니다. 경우에 따라서는 성도이기에 오히려 고난을 더 받을 수도 있습니다. 고난은 성도가 살아가면서 마주해야 할 엄연한 현실입니다.

2. 고난 속에서도 감사의 조건을 찾는 마음이 믿음입니다.

이스라엘에서는 결혼식 때 신부가 접시를 깨트리는 풍습이 있습니다. 파괴가 일어난 그 시점부터 새로운 세계가 열리고, 새역사가 시작된다는 뜻입니다. 이 풍습은 고통의 경험을 통해 더 큰 기쁨을 맛보는 삶의 원리를 상징하고 있습니다.

새로운 세계에 대한 기대와 새 출발의 희망 안에서 낡은 접시를 깨는 신부처럼 고난과 고통, 파괴와 혼돈 속에서도 감사의 조건을 찾는 신앙의 감수성이 믿음입니다. 고난의 의미를 더 깊이 알아보려는 마음이 있다면 우리는 고난 속에서도 감사의 조건을 찾을 수 있습니다. 고난은 삶을 더 깊이 바라보라고 하나님이 주시는 신호입니다.

3. 고난 속에서도 감사할 수 있습니다.

노벨 문학상을 받은 펄벅 여사의 어머니 메리는 22세 때 결혼하자마자 선교사인 남편을 따라 중국에 갔습니다. 그녀는 날마다 굶주림과 생명의 위협을 겪으면서도 일곱 명의 아이를 낳았는데, 그중 네 명은 병으로 죽었습니다. 하지만 그녀는 가난과 질병, 고독과 박해와 싸우며 눈물의 골짜기를 믿음으로 헤쳐 나갔습니다. 믿음을 가지니 고통 속에서도 긍정적이고 씩씩하게 즐거움을 안고 감사하며 살아갈 수 있었습니다. 고난 속에서도 믿음으로 살던 그녀가 아이들에게 늘 암송시킨 성경은 시편 84:5-6이었습니다. "주께 힘을 얻고 그 마음에 시온의 대로가 있는 자는 복이 있나이다. 그들이 눈물 골짜기로 지나갈 때 그곳에 많은 샘이 있을 것이며 이른 비가 복을 채워 주나이다."

고난은 우리에게 고통을 줍니다. 고난을 통과하는 기간은 우리 삶에서 내가 가진 것들이 파괴되고 있는 시간입니다. 그러나 파괴는 새로운 시작입니다. 혼돈은 새로운 세계가 출현하기 직전의 상태입니다. 고난은 내가 옛 세계와 새 세계의 경계에서 새로운 세계를 향해 경계를 넘고 있다는 신호입니다. 우리는 고난을 통해 성장하고 성숙합니다.

삶에 작동하는 이 진리를 알면 고난 속에서도 감사할 수 있습니다. 악조건이 감사할 조건이 됩니다. 믿음의 눈으로 보니, 고난 안에 감사가 있습니다.

 1. 고난 속에서 믿음을 지키는 것은 왜 중요할까요?

2. 바울과 데살로니가 교회처럼 고난 속에서 감사의 조건을 찾는 방법에 대해 이야기하고, 나의 삶 속에서 찾을 수 있는 감사의 이유를 나누어 봅시다.

광야에서,
사막에서 기다립니다.
(대림절)

┌─ 소그룹 인도 ──────────────────────────────

│ 사도신경 : 다같이 | 찬송 : 104장(통 104) | 기도 : 회원 중 | 본문 말씀 : 사40:3-5

│ | 헌금 찬송 : 찬 216(통 356) | 헌금 기도 : 회원 중 | 주기도문 : 다같이

옛날에는 왕이 자신이 통치하는 지역을 순찰할 때면 항상 앞서 신하를 보내어 왕의 행차를 알리고 그 길을 준비하는 풍습이 있었습니다. 신하는 왕의 행차 앞에 가서 왕의 안전을 도모하고, 사람들이 왕의 행차를 준비하도록 했습니다. 이사야 선지자는 이런 풍습에 빗대어 이 땅에 오실 메시아를 예언하며 그분의 오실 길을 예비하라고 외쳤습니다. 세례 요한은 평생 자기 뒤에 오실 메시아, 곧 예수 그리스도를 맞을 준비를 하라고 광야에서 외치는 소리로 살았습니다. 우리는 어떻게 메시아이신 예수 그리스도의 오심을 준비해야 할까요?

1. 일상에서 믿음의 실천으로 하나님이 오실 길을 예비합니다.

본문 3절은 "외치는 자의 소리여 이르되 너희는 광야에서 여호와의 길을 예비하라. 사막에서 우리 하나님의 대로를 평탄하게 하라"고 합니다. 광야나 사막은 외롭고 고통스러운 곳입니다. 그러나 거기 역시 왕의 통치 구역입니다. 때가 되면 왕이 그곳을 지나가십니다. 그러니 백성들은 왕이 거기를 지나가시도록 길을 평탄하게 해야 합니다.

우리의 삶도 광야와 사막처럼 척박합니다. 우리 일상은 외롭고 고통스러운 곳입니다. 그러나 여기 역시 하나님의 통치 구역입니다. 우리의 왕이신 하나님이 여기에 임하실 것입니다. 그러니 우리는 지금 여기에서 하나님이 오시는 길을 예비해야 합니다. 기독교 신앙은 광야와 사막 같은 일상에서 피하는 방법이 아닙니다. 광야와 사막 같은 일상에서 하나님이 오실 길을 예비하는 담대한 실천입니다.

2. 신뢰와 소망으로 주님이 오실 길을 냅니다.

본문 4절을 공동번역은 이렇게 번역합니다. "모든 골짜기를 메우고, 산과 언덕을 깎아내려라. 절벽은 평지를 만들고, 비탈진 산골길은 넓히라!" 왕이 오실 길이 없다면 길을 만들라는 말입니다.

지나온 시간을 돌아봅니다. 올해 우리는 산과 언덕처럼 교만하게 살았습니다. 절벽처럼 낙심하고 지친 맘으로 위태위태하게 살기도 했습니다. 지난 시간, 우리는 여러 가지 일과 여러 사람에게 상처를 입어 그 누구도 마음에 들이지 않은 채 살아왔습니다. 한 해가 끝나가는 지금, 우리의 마음과 일상은 누구도 지나갈 수 없을 만큼 고르지 않습니다. 내 마음은 후회와 분노, 절망과 낙담, 피로감과 허무감으로 울퉁불퉁합니다.

이런 우리에게 하나님은 "내가 너에게 갈 길을 내렴!"이라고 말하고 계십니다. 하나님이 오시면 새로운 일이 일어날 것입니다. 이 소망으로 오실 하나님을 기다려야 합니다. 이 기다림이 하나님이 오실 길을 평탄하게 하는 일입니다. 광야와 사막 같은 일상에서 하나님이 오실 길을 예비하는 담대한 실천은 신뢰와 소망 속에서 하나님을 기다리는 일입니다.

3. 하나님이 내 삶에 영광을 드러내실 것을 신뢰합니다.

본문 5절은 "여호와의 영광이 나타나고 모든 육체가 그것을 함께 보리라. 이는 여호와의 입이 말씀하셨느니라"라고 합니다. 평탄하게 예비된 길로 왕이 오시면 모든 사람은 왕을 볼 것입니다. 그리고 왕은 여기에 당신의 통치를 실현할 것입니다.

아직 여기는 광야와 사막처럼 외롭고 고통스러운 곳입니다. 하지만 하나님이 약속하신 대로 샬롬이자 사랑이신 내 왕께서 곧 내게 오실 것입니다. 왕은 내 삶에 오시어 새로운 일을 행하실 것입니다. 온갖 것들로 엉클어진 내 삶에 새 질서를 주어 새롭게 창조하실 것입니다. 그러면 내 삶에 드러나는 하나님의 영광을 나와 내 주변의 사람들이 보게 될 것입니다.

성탄절은 우리의 왕이신 하나님을 신뢰하기에 기대와 소망으로 메시아이신 예수님을 기다려 맞이하는 날입니다. 비록 우리가 있는 여기는 외롭고 초라합니다. 그러나 여기서 지금 왕의 오심을 외치는 소리가 됩시다. 왕이 오실 길을 예비하는 그 분의 백성이 됩시다. 반드시 하나님의 영광을 보게 될 것입니다.

1. 우리의 삶 속에서 광야와 같은 시간은 언제였나요?
2. 성탄절을 기다리면서 주님의 영광을 드러낼 수 있는 구체적인 방법들에 대해 나누어 봅시다.

그 이름이 날 구원합니다.

┌─ 소그룹 인도 ─────────────────────────────

사도신경 : 다같이 | 찬송 : 96장(통 94) | 기도 : 회원 중 | 본문 말씀 : 마1:18-25

| 헌금 찬송 : 찬 420(통 212) | 헌금 기도 : 회원 중 | 주기도문 : 다같이

한 사람을 지칭하는 이름은 단순한 음성기호 이상입니다. 이름은 그 사람의 정체성과 신분, 인격을 나타냅니다. 명예와 삶의 지향을 담고 있기도 합니다. 그래서 한 사람의 이름을 알고 부른다는 말은 그와 관계하며 삶의 의미를 찾아간다는 뜻입니다.

이 세상에 있는 이름 중에 가장 귀하고 의미 있는 이름은 '예수'라는 이름입니다. '예수'라 불리는 그 한 사람은 인류를 구원하신 존재이기 때문입니다. 오늘은 본문에 나오는 예수님의 이름을 보면서 예수님이 하신 일이 무엇이고, 그 일이 우리와 어떤 관련이 있는지를 알아보겠습니다.

1. 예수라는 이름입니다.

주의 사자는 요셉에게 마리아가 낳을 아이의 이름을 '예수'라 지으라고 합니다(21절). '자기 백성을 그들의 죄에서 구원할 자'라는 뜻이었습니다. 다시 말해 '여호와는 구원, 여호와는 도우시는 이'라는 뜻이었습니다.

인간은 여러 가지 이유로 고통받고 있습니다. 이 모든 고통의 원인은 죄이며, 죄의 값은 죽음입니다. '예수'라는 이름에는 우리를 죄와 죽음에서 구원하신 예수님의 일하심이 담겨 있습니다. 예수님은 십자가에서 우리 죄를 대신 지시고 죽으심으로써 우리를 구원하셨습니다. 우리는 예수님의 희생으로 죄와 죽음에서 놓여나 구원받았습니다. 그러므로 예수의 이름을 의지하고, 예수의 이름을 부르면 삶의 여러 가지 어려움에서도 구원을 얻습니다. 예수는 능력의 이름, 구원의 이름, 치유의 이름입니다.

2. 임마누엘이라는 이름입니다.

예수님의 또 다른 이름은 '임마누엘'로서 "하나님이 우리와 함께 계시다"라는 뜻입니다(23절). 타락하여 죄인이 된 인간은 하나님을 떠납니다. 하나님이 인간을 버리신 게 아닙니다. 인간이 하나님을 떠나 죽음의 길로 엇나갔습니다. 그러자 하나님은 자신을 떠나간 인간에게 먼저 찾아오셨습니다. 구원을 약속하시고, 그 약속을 신실하게 지키셨습니다. 예수님의 탄생은 인간을 향한 하나님의 사랑과 구원 약속을 지키시는 하나님의 신실하심에 대한 증거였습니다. 하나님이 죄인인 우리와 함께 계신다는 놀라운 선언이었습니다.

죄인인 우리는 늘 하나님을 떠납니다. 그런 우리에게 하나님은 늘 먼저 찾아오시고, 구원하십니다. 예수님이 이 땅에 오심과 예수님이 십자가를 지심은 하나님이 지금 우리와 함께 계신다는 영원한 증거입니다.

3. '그리스도'라는 이름도 있습니다.

'그리스도'는 이름이라기보다는 직분입니다. 히브리어 '메시아'의 헬라어 번역이 '그리스도(요 1:41)'로서, '그리스도'는 '기름 부음을 받은 자'라는 뜻입니다. 그리스도는 구약성경에서 기름을 부어 세우는 특별한 직임을 의미하는데, 왕과 선지자, 제사장이 그것입니다. '그리스도'라는 이름은 예수님이 이 땅에 오시어 하신 일이 무엇인지를 드러냅니다. 예수님은 이 땅에 오실 때 왕으로 오셨습니다. 이 땅에 오신 예수님은 선지자로 오셔서 하나님의 말씀을 선포하셨습니다. 제사장으로 오신 예수님은 우리의 모든 죄를 하나님 앞에서 변호하시고 깨끗하게 하셨습니다.

'그리스도'이신 예수님은 우리를 공의와 사랑으로 다스리시고, 우리가 하나님의 진리를 듣게 하시며, 우리의 죄악을 용서하시는 하나님이십니다. 예수님과의 만남에 구원으로 가는 단 하나의 길이 있습니다.

1. 예수님의 이름 '예수'는 우리에게 어떤 의미를 줍니까?

2. 예수님이 우리의 왕, 선지자, 제사장으로 오신 '그리스도'라는 이름을 통해, 그분의 사역을 본받아 어떻게 살아갈 수 있을지 나누어 봅시다.

나란 존재와 삶으로 부르는 노래

── 소그룹 인도 ──

사도신경 : 다같이 | 찬송 : 107장(통 265) | 기도 : 회원 중 | 본문 말씀 : 눅2:25-40

| 헌금 찬송 : 찬 321(통 351) | 헌금 기도 : 회원 중 | 주기도문 : 다같이

성도는 노래하는 사람입니다. 그리고 성도의 노래를 찬양이라고 합니다. 찬양은 하나님을 향해 부르는 노래로, 입으로만이 아니라 나라는 존재 전체를 사용하여 부르는 노래입니다. 성도는 어떤 상황에 있든지 찬양으로 하나님께 영광을 돌립니다.

본문은 이 땅에 사람의 모습으로 오신 하나님, 곧 예수님을 찬양하는 사람들의 이야기입니다. 오늘은 그들이 예수님을 찬양하는 모습에서 하나님을 찬양하는 성도의 모습이 어떠해야 하는지를 알아봅니다.

1. 시므온의 의롭고 경건한 삶 자체가 찬양이었습니다.

시므온은 의롭고 경건한 사람으로 이스라엘의 구원을 갈망하는 사람이었습니다. 늘 성령과 동행했던 그는 하나님이 보내신 그리스도(메시아)를 보기 전에는 죽지 않는다는 성령의 응답을 받았습니다. 이 기도는 이루어졌습니다. 시므온은 성령의 감동을 따라 들어간 성전에서 아기 예수님을 만납니다. 아기 예수님을 만난 시므온은 모든 사람을 위한 속죄제물로 예비된 예수님, 어둠 속에 있는 이방인을 비추는 생명의 빛으로 오신 예수님, 이스라엘의 영광이신 예수님을 찬양합니다. 그의 찬양은 하나님의 공의를 이루러 오실 메시아에 대한 갈망이 응답된 것에 대한 감사였고, 자신의 오랜 기다림이 이루어진 것에 대한 감격이었습니다. 그의 찬양은 의롭고 경건한 삶으로 부른 노래였습니다.

찬양은 고난 속에서도 하나님이 일하실 때를 기다리며 의롭고 경건하게 살아가는 사람의 노래입니다. 하나님을 향한 신뢰를 잃지 않고, 그 신뢰에서 나오는 기다림으로 하나님의 사람이 걸어가야 할 길을 포기하지 않을 때, 그 사람은 찬양하게 됩니다. 그런 점에서 찬양은 노래가 아니라 삶의 전부입니다. 의롭고 경건한 삶 전체가 실린 곡조입니다.

2. 안나의 봉사와 헌신으로 채워진 삶 자체가 찬양이었습니다.

안나는 아셀 지파 비누엘의 딸이었습니다. 그녀는 여선지자였는데,

결혼한 지 7년 만에 남편을 잃었고, 그때부터 성전에 들어가 84년간을 봉사했습니다. '안나'라는 말은 '은혜'라는 뜻이었습니다. 이름이 말해주듯이 안나는 하나님의 은혜 가운데 살며 밤낮으로 금식하며 기도했습니다. 안나의 기도 제목은 이웃과 하나님의 나라, 장차 이루어질 이스라엘의 소망에 관한 것이었습니다. 이렇게 평생 성전을 떠나지 않고 봉사와 인내로 주님의 강림을 소망했던 안나도 마침내 메시아를 만납니다. 메시아 예수를 만난 안나도 즉시 하나님을 찬양합니다. 불운한 인생에 대한 한탄으로 채워지다가 회한으로 끝났을 안나의 인생은 하나님에 대한 찬양과 예루살렘의 속량에 대한 소망으로 끝납니다.

찬양은 하나님의 은혜 안에서 하나님이 하실 일에 대한 소망을 품고 하나님께 헌신하는 일상을 살아내는 사람이 부르는 노래입니다. 찬양은 삶의 한숨과 한탄이 들어서는 자리를 비워 하나님의 은혜와 소망으로 채우고, 매일 내가 할 수 있는 만큼을 하나님께 드리는 헌신입니다. 이런 점에서 안나의 찬양 역시 삶의 전부였습니다.

3. 그들의 찬양은 예수님을 만났을 때 터져 나왔습니다.

평생을 의롭고 경건하게 살았던 시므온은 메시아를 만나 찬양했습니다. 평생을 성전에서 봉사하며 기도로 살던 안나도 메시아를 만나 찬양했습니다. 그들이 메시아이신 예수님을 만났을 때, 그들에게서는 찬양이 터져 나왔습니다. 예수님을 만났을 때, 그들은 구세주이신 예수님을 알아보았습니다. 그들의 삶 전체가 즉시 예수님께 반응했습니다. 그들의 찬양은 이 세상의 구세주로 오신 예수님을 만난 경험에서 나왔고, 그들의 찬양은 메시아를 보내신 하나님을 높였습니다.

성도가 이 세상에 존재하는 목적은 하나님을 찬양하는 삶을 살기 위해서입니다. 예수님께 초점이 맞추어져 있을 때, 나라는 존재가 보이는 모든 반응이 찬양입니다. 찬양은 예수님을 경험하는 삶을 살 때, 내 삶의 전부에서 드러나는 삶의 태도입니다.

매 순간 예수님과 교제하고, 예수님께 순종하는 삶을 삽시다. 그때 이 세상은 내 삶에서 하나님을 높이는 노래를 들을 것입니다. 그 노래가 찬양입니다.

1. 우리가 시므온처럼 예수님을 만나기 위해 해야 할 영적 준비는 무엇일까요?

2. 성탄을 기다리며 우리 교회와 가정에서 할 수 있는 구체적인 영적 실천과 행동에 대해 나누어 봅시다.

빈방 있어요!
여기 따뜻한 마음이 있어요!

소그룹 인도

사도신경 : 다같이 ㅣ 찬송 : 455장(통 507) ㅣ 기도 : 회원 중 ㅣ 본문 말씀 : 빌2:1-18
ㅣ 헌금 찬송 : 찬 397(통 454) ㅣ 헌금 기도 : 회원 중 ㅣ 주기도문 : 다같이

미국의 어느 마을에 '윌리'라는 아이가 살았습니다. 지적장애가 있어 또래 아이들보다 2년 늦게 학교에 들어간 아이였습니다. 친구들은 4학년이었지만 윌리는 2학년이었습니다. 성탄절이 다가와 연극공연을 하게 됐는데, 마땅한 배역이 없어 윌리는 여관집 주인 역할을 맡았습니다. 문 앞에 서 있다가 마리아와 요셉이 오면 "방 없어요!"라고 말하고 들어가는 단순한 역할이었습니다. 한 달이나 연습한 끝에 성탄절이 되었고, 공연이 시작됐습니다. 마리아와 요셉이 왔습니다. "여기방 하나만 빌려주세요. 아이를 낳아야 하는데 아무 데서도 안 받아 줍니다. 부탁합니다." 윌리가 퉁명스럽게 말했습니다. "빈방 없어요. 딴

데나 가 봐요!" 맡은 배역을 잘 소화한 것이었습니다. 연극을 지도했던 선생님이 안도의 숨을 내쉬었습니다. 그때였습니다. 자신의 분량을 끝내고 퇴장해야 할 윌리가 발걸음을 옮겨 요셉과 마리아를 바라봅니다. 각본에 없는 대사를 하기 시작합니다. "요셉님, 마리아님! 가지 마세요. 사실은 우리 안방이 비어 있어요. 그 방을 쓰시란 말이에요!" 무대 뒤에 있던 선생님과 연극에 참여했던 아이들은 윌리가 연극을 완전히 망쳐버렸다고 생각했습니다. 그런데 그 장면을 지켜보던 관객들의 얼굴에는 눈물이 흘렀고, 가슴에는 깊은 감동이 밀려들었습니다. 이렇게 감동적인 성극은 처음 보았다고 말하였습니다. 윌리의 마음, 이것이 바로 성탄을 맞이하는 우리의 마음이었으면 좋겠습니다. 성탄절을 맞이하는 우리의 마음은 어떤 마음이어야 할까요?

1. 한마음입니다.

2절은 '한마음을 품어'라고 말합니다. '한마음'은 함께하려는 마음입니다. 성탄절을 맞이하는 우리의 마음은 함께하려는 마음입니다.

성탄절의 주인이신 예수 그리스도는 근본 하나님과 동등한 분이시지만, 우리와 함께하시려고 자신을 비우셨습니다. 예수님의 자기 비움이 예수님과 우리가 함께 할 수 있는 길을 열었습니다.

내 것을 고집하면 함께할 수 없습니다. 내 것을 비우지 않으면 '함께'라는 가치를 채울 수 없습니다. 내가 시퍼렇게 살아있을 때, 우리는 더불어 살아가지 못합니다.

자기를 비워 사람의 몸으로 이 땅에 오신 예수님처럼 내 생각, 판단 기준, 취향을 비워봅시다. 한마음을 품어봅시다. 그럴 때 하나가 될 수 있습니다.

2. 겸손한 마음입니다.

인간 구원은 예수님이 자기를 낮추고 종의 형체를 가지시는 것으로써 시작되었습니다. 예수님의 겸손이 죽음이라는 깊은 바닥에 있던 인간을 생명이라는 가장 높은 곳으로 끌어올렸습니다.

성탄절은 예수님의 이 겸손을 생각하고, 이 겸손을 배우는 날입니다. 하나님처럼 되고자 하는 인간의 교만은 인간을 죽음에 이르게 했습니다. 반면 인간처럼 되고자 하는 예수님의 겸손은 인간을 생명에 이르게 했습니다. 예수님의 이 마음을 품으십시오. 예수님의 겸손을 배우십시오. 우리가 예수님의 겸손을 품을 때, 우리 역시 누군가를 생명에 이르게 하는 사랑이 될 것입니다.

3. 돌아보는 마음입니다.

"한마음을 품어 함께 한다"라는 말은 군중이 된다는 말이 아닙니다. 어떤 목표를 이루기 위해 움직이는 일사불란한 조직이 된다는 말도 아닙니다. "한마음을 품어 함께 한다"라는 말은 "연결되어 상호작용하는 한 몸으로 존재한다"라는 말입니다.

몸은 여러 지체로 되어 있습니다. 분명하게 '나'와 '너'의 경계가 존재합니다. 그러나 서로 한 생명으로 연결되어 있기에 상대의 상태가 내 상태입니다. 그래서 서로 돌아봅니다. 서로 돌아보는 것이 즐거움이고, 기쁨입니다.

성탄절의 주인공이신 예수님은 이 땅에 오시어 우리와 한 몸이 되셨고, 우리를 돌아보셨습니다. 지금도 우리를 돌아보고 계십니다. 이 사랑이 우리를 이 세상에 살아있게 합니다.

예수님처럼 내 주변을 돌아봅시다. 이웃을 돌아보는 우리의 마음이 이 세상을 함께 웃고 함께 우는 한 몸이 되게 할 것입니다.

1. 우리가 한 마음을 품기 위해 구체적으로 할 수 있는 방법은 무엇일까요?
2. 인간의 본성에서 오는 교만을 다스리고, 예수님의 겸손을 본받기 위해 우리가 할 수 있는 노력과 훈련에 대해 나누어 봅시다.